UN GRAND WEEK-END
à PRAGUE

Prague
envoûtante et magique

Avec l'appel d'air venu de l'Occident, et avec ses scories, Prague change, se transforme et reprend des couleurs. Sous bien des aspects, elle demeure pourtant la ville dorée, « capitale magique de l'Europe », qui envoûte ceux qui viennent la visiter. Descartes, Mozart, Chateaubriand, Apollinaire ou Camus, pour n'en citer que quelques uns, l'ont aimée avant vous. Faites comme eux : tombez sous le charme.

Les échafaudages et les palissades de chantier ont longtemps recouvert les murs et les pierres de la Prague légendaire. La fin des travaux laisse maintenant apparaître les couleurs fraîches et pimpantes des façades. Toutes ces teintes, parfois assez vives, ne se heurtent jamais. Sur la place de la Vieille Ville, les jaunes, les ocres, les roses et les gris se succèdent même dans une parfaite harmonie. Certains quartiers ont vu toutes leurs façades refaites et comme le paysage n'a guère changé, on pourrait se croire dans le décor d'un film d'époque. Partout l'ombre et la grisaille sont peu à peu chassés de la ville, témoins encombrant des années de plomb. Prague de velours s'ouvre peu à peu : les portes closes, les passages fermés et les couloirs obscurs deviennent rares.

Les anciennes galeries ont fait peau neuve et leur entrée est désormais accessible à tous. On y découvre de nouvelles boutiques aux vitrines lumineuses, même la nuit. La ville perdrait-elle son âme, ses mystères et ce qui reste de ses secrets dans la Ruelle d'or ? Ce n'est pas si sûr, Prague est toujours peuplée d'ombres. Depuis celles des alchimistes du XVIe s., jusqu'à celles des musiciens, des écrivains et des poètes qui se sont ensuite succédé. Ombres fuyantes au coin des rues ou ombres immobiles des statues du pont Charles : une « inquiétante étrangeté » plane encore sur la « capitale magique de l'Europe » ainsi que la qualifiait André Breton. Il suffit d'ouvrir un recueil de légendes pragoises pour que d'une église ou d'un cloître surgisse encore le fantôme d'un moine ou d'une servante horrifiée. La croyance populaire veut que la nuit, les pierres et les eaux de Prague s'animent. Pour vous en convaincre, promenez-vous dans la cour du Château le soir venu, descendez ensuite vers Malá Strana et traversez le pont Charles. Observez la haie d'honneur silencieuse formée par les trente groupes de statues. Qui douterait que les saints, hauts perchés, ne veillent encore sur les habitants de l'île Kampa à leurs pieds ? Reprenez votre balade dans le quartier de la Vieille Ville. Sous la pâle lueur des réverbères les couleurs vives des façades se sont effacées. Ruelles, venelles, passages et détours opèrent à nouveau leur charme. Perdez-vous avec délice dans un décor où le temps s'est arrêté. Par-dessus les toits, vous apercevrez bientôt les flèches de l'immense église Notre-Dame-de-Týn, monstre bienveillant dont la vive lumière vous éblouira. Laissez-vous alors gagner par la douceur des nuits de Bohême. Affamé vous trouverez les hospodas et les vieilles auberges ; assoiffé les tavernes et les grands cafés vous attendent ; insomniaques les soirées en boîte et les clubs de jazz vous tendent les bras. Quant aux mélomanes, comment ne pourraient-ils pas être comblés par une ville que Mozart lui-même aimait tant et à laquelle il dédia une symphonie ? Concerts et opéras sont régulièrement programmés dans chaque quartier.

De jour comme de nuit vous sentirez le rythme tranquille de la ville, très loin de la fièvre des grandes métropoles de l'Europe de l'Ouest. Laissez-vous aller. Prenez le temps de flâner, de voir et d'écouter. Au hasard de vos journées vous aurez rencontré de nombreux Pragois, vous aurez croisé les fils de milliers de marionnettes, contemplé des éclats de cristal de centaines de miroirs, senti la douceur des tissus, admiré des objets Art nouveau… Au moment de partir, en souvenir, vous pourrez mettre dans vos bagages des verreries de Bohême, des bagues de grenat rouge sang, des jouets en bois ou des chapeaux fantasques. Rien n'y fera : la ville dorée vous donnera toujours envie de revenir.

Partir pour Prague

LE CLIMAT

Un flot de touristes envahit les rues de Prague de juin jusqu'à fin août. Les températures sont agréables, en dépit d'averses qui peuvent être violentes et les cafés sortent leurs terrasses. L'hiver, d'octobre à mars, se vit au rythme d'un temps froid (les températures peuvent descendre jusqu'à moins vingt-cinq degrés !) et sec, parfois ensoleillé, le plus souvent couvert. Bien équipé contre le froid, les balades, lorsqu'il a neigé, prennent une toute autre allure, et le soir, vous aurez une chance d'avoir le pont Charles pour vous tout seul. Durant cette période, il fait nuit vers 16h, les journées sont alors courtes. Le printemps et l'automne sont des saisons agréables, et surtout, les touristes sont moins nombreux.

COMMENT PARTIR ?

Si vous prévoyez un séjour de courte durée à Prague, l'idéal est de partir en avion. Vous pourrez toujours louer une voiture sur place pour explorer les environs.

EN AVION

Deux compagnies se partagent les lignes pour Prague : **CSA**, compagnie nationale tchèque et **Air France**. Plusieurs vols sont assurés par jour, d'une durée de 1h40 mais de fréquents retards sont à déplorer, particulièrement l'hiver lorsque les conditions météorologiques sont mauvaises. Avec Air France, vous pouvez bénéficier des tarifs APEX si votre séjour inclut un week-end. Prix du billet aller et retour sans réduction entre 305 et 400 euros. Consultez également *le Kiosque* (accessible à tous), *le Kiosque Spécial Jeunes* (pour les moins de 25 ans) et *Temps Libre* (pour les plus de 60 ans) qui proposent des tarifs avantageux et des services gratuits : assurance rapatriement, assistance téléphonique 24 heures sur 24 en cas de difficulté sur place ou pour transmettre un message à votre famille. En outre, vous ne payez aucun frais en cas d'annulation, même la veille du départ, et vous avez la possibilité d'écourter, de prolonger ou de modifier votre billet.

Air France
☎ 0802 802 802
Minitel 3615 ou 3616 AF.
Air France à Prague
☎ 24 22 71 64
Lun.-ven. 9h-17h.

PARTIR ■ 5

Forfaits

De nombreux voyagistes proposent des séjours comprenant le transport et l'hébergement, vous évitant ainsi le tracas des réservations. Pour un week-end, c'est la formule la plus simple et la plus pratique.

Nouvelles Frontières propose des séjours de 4 jours/3 nuits à partir de 290 €. Renseignements et réservations
☎ 01 41 41 58 58
Minitel 3615 NF.

Avec **Visit Europe**, formules avion + hôtel ou car + hôtel.
Renseignements et réservations
☎ 01 49 60 16 00.
Consultez également
Frantour ☎ 01 45 19 17 18 et **Look** ☎ 01 45 42 47 03.

CSA
32, av. de l'Opéra, 75002 Paris
☎ 01 47 42 18 11
Lun.-ven. 9h-17h.
CSA à Prague
Revolucni, 1
☎ 24 21 01 32.

En car

Confortables (sièges inclinables), relativement ponctuels (personne n'est à l'abri d'une panne), les bus de la compagnie **Eurolines** sont un moyen sûr et très bon marché de se rendre à Prague depuis Paris et la province. Le billet aller et retour Paris-Prague coûte environ 122 € (106 € pour les moins de 26 ans et plus de 60 ans). De nombreuses villes sont desservies en France : Paris, Reims, Metz, Strasbourg, Toulouse, Carcassonne, Narbonne, Béziers, Montpellier, Nîmes, Marseille, Aix-en-Provence, Avignon, Lyon, Dijon, Besançon, Belfort, Mulhouse.

En République tchèque, le bus dessert Plzen, Prague et Brno.

Si le trajet vous semble un peu long (Paris-Prague 15 heures, Toulouse-Prague 24 heures), sachez que les deux conducteurs marquent des pauses toutes les deux heures pour que vous puissiez vous dégourdir les jambes et que des films vidéo sont projetés.

Départs quotidiens à 16h30 de Paris à la gare internationale, avenue du Général-de-Gaulle (métro Galliéni), enregistrement une heure avant le départ, arrivée à Prague à 8h30, station Zelivského (ligne B verte, correspondance avec les tram).

Renseignements à Paris tous les jours 6h-23h30
☎ 01 49 72 51 51,
Minitel 3615 Eurolines
à Prague,
☎ 24 21 34 20.

En train

La durée du voyage est presque la même qu'en bus, (14 heures). Les couchettes sont plus confortables, mais le prix du billet est plus élevé. Un aller et retour coûte entre 260 € et 336 €.
Un départ quotidien, avec changement à Frankfort, est assuré depuis Paris gare de l'Est à 8h54, arrivée à 23h02 à la gare principale de Prague, chef-d'œuvre de

l'Art nouveau (Hlavní ńadraží, ligne C rouge). Un train supplémentaire direct durant l'été part à 19h47, arrivée à 11h04.

SNCF (Renseignements et réservations)
☎ 08 36 35 35
Minitel 3615/16 SNCF.
À Prague
Informations ☎ (2) 242 242 00, réservations ☎ (2) 246 159 86.

EN VOITURE

Prague est à 1 080 km de Paris et ce n'est plus une expédition de partir en voiture.
Vous devez être en possession de votre permis de conduire, des papiers du véhicule et de la carte verte d'assurance internationale. Le port de la ceinture de sécurité est obligatoire et les enfants de moins de douze ans doivent voyager à l'arrière.
En hiver, prévoyez un équipement approprié à la neige et au gel.

De Paris, prendre l'autoroute de l'Est jusqu'à Metz-Forbach (frontière allemande), puis les autoroutes allemandes (accès libre). Au poste-frontière tchèque, l'attente est variable, doublez de toute façon la longue file de camions. L'autoroute tchèque est à présent directe jusqu'à Prague, mais pensez à acheter auparavant la vignette d'un montant de 800 Kč, vous autorisant à rouler sur les autoroutes et voies rapides (voir p. 30) et n'oubliez pas de la coller sur votre pare-brise.
Des stations essences (*benzina*) sont disséminées tout au long du trajet et le prix au litre est plus avantageux en République tchèque qu'en France. Durée du trajet : environ 12 heures dans des conditions normales.

DE L'AÉROPORT AU CENTRE-VILLE

EN BUS
L'aéroport Ruzyně (☎ 36 77 60) est le seul aéroport (*letistĕ*) de Prague. Il est situé à 15 km à l'ouest de la ville. Il n'y a pas de métro et le moyen le plus simple pour gagner le centre-ville est de prendre le bus 119 qui vous mènera, au terminus, à la station de métro Dejvická (ligne A verte). Vous trouverez un distributeur automatique de tickets à l'arrêt situé en face de la sortie des arrivées. Si vous avez retiré de l'argent dans l'aéroport, faites de la monnaie pour prendre un ticket (12 Kč). Le trajet dure environ trente minutes.

EN MINIBUS
La compagnie aérienne ČSA propose un service de minibus (maximum 6 personnes) qui vous mènera à Dejvická ou, en plein centre, à Náměstí Republiky (ligne B jaune). Les départs se font toutes les 30 mn ou lorsque le minibus est plein. Le trajet dure vingt minutes et vous pourrez acheter votre ticket (environ 90 Kč) dans le minibus.

EN TAXI
Depuis peu une compagnie de taxis a le monopole des courses depuis l'aéroport. Le tarif pratiqué est plus cher, mais vous n'avez pas le choix ! Vous les trouverez le long de la sortie des arrivées. Comptez entre 300 et 500 Kč pour aller jusqu'au centre-ville.

FORMALITÉS

Aucun visa n'est demandé, mais vous devez vous munir d'un passeport en cours de validité (valide trois mois au moins après votre entrée en République tchèque).

LA DOUANE

Les biens personnels ne sont pas soumis au paiement de droits de douane. Les achats en duty free ne doivent pas dépasser les quantités autorisées : 2 litres de vin, 1 litre

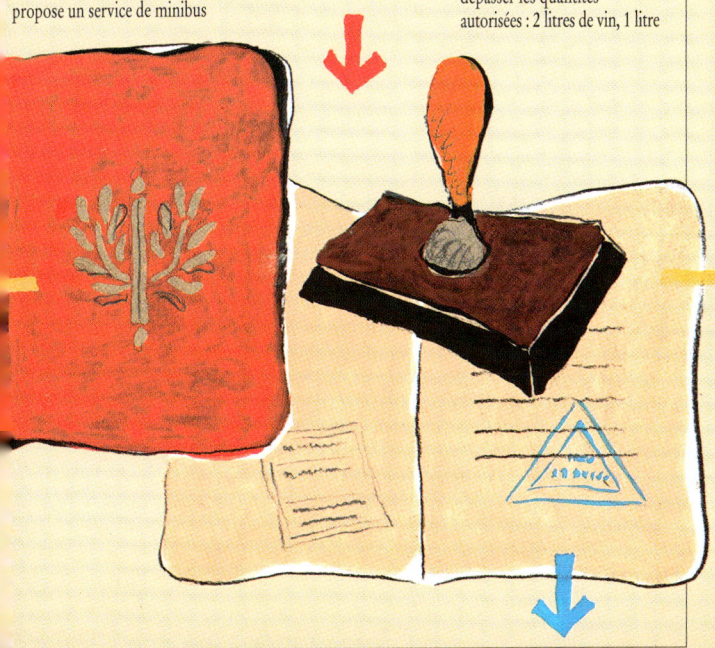

JOURS FÉRIÉS
Le jour de l'an, le lundi de Pâques, le 1er mai, le 8 mai (fête de la libération de 1945), le 5 juillet (fête des saints Cyrille et Méthode), le 6 juillet (anniversaire de la mort de Jan Hus en 1415), le 28 octobre (naissance de l'État tchécoslovaque indépendant en 1918), et le jour de Noël.

d'alcool fort et 250 cigarettes. Les douanes exigent une licence d'exportation pour les objets de valeur. Pour les antiquités, renseignez-vous au Uměleckoprůmyslové (Musée des arts décoratifs) Ul. 17. listopadu 2, ☎ 510 93 11, au Palais Šterberk (Galerie nationale), Hradčanské náměstí 15, Prague 1 pour les tableaux et les statues, et pour les monnaies au Národní Muzeum (Musée national), Václavské náměstí 68, ☎ 244 971 11.

BUDGET

Vous devrez prévoir un budget assez large pour votre logement. Les hôtels sont très chers à Prague, aussi chers que dans une autre capitale européenne. Le prix moyen pour un hôtel de catégorie B est d'environ 1 500 Kč. En revanche, vous ne vous ruinerez pas en allant déjeuner à la tchèque dans les hospoda (maximum 125 Kč). Vos soirées ne seront pas non plus un gouffre, que vous sortiez au théâtre, en boîte ou que vous assistiez à un concert. Les entrées, comme les consommations, restent bon marché.

MONNAIE LOCALE

L'unité monétaire est la couronne tchèque, *Koruna* (Kč) qui se divise en 100 haleřů (haléř au singulier). Les coupures existent en billets de 20 Kč, 50 Kč, 100 Kč,

200 Kč, 500 Kč, 1 000 Kč et 2 000 Kč et en pièces de 1 Kč, 2 Kč, 5 Kč, 10 Kč, 20 Kč et 50 Kč. À partir de 500 Kč, les commerçants n'ont pas toujours la monnaie, préférez donc avoir des petites coupures sur vous.

Le cours actuel se situe autour de 1 € les 31,7 Kč. La couronne tchèque est convertible depuis peu, mais vu le fort taux de change appliqué en France, il est préférable de se procurer des couronnes sur place et d'écouler sa monnaie avant la fin du séjour.

SANTÉ

Aucun vaccin n'est exigé, mais il est recommandé de souscrire à une assurance maladie spéciale pour l'étranger. Les animaux sont acceptés sur présentation d'un certificat de bonne santé établi dans les dernières 48h et d'un certificat de vaccination antirabique.

CARTE ISIC

La carte internationale est valable en République tchèque et vous permettra d'obtenir des réductions sur les transports, les entrées de musées et de spectacles. Emportez-la dans vos bagages !

SERVICE RELIGIEUX

Tous les dimanches à 10h (le samedi à 17h en hiver) en l'église Notre-Dame-sous-la-chaîne, la messe est donnée en français. Kostel panny Marie pod řetězem – Lázeňská, Prague 1 – Mala Strana.

HORAIRES

Il n'y a pas de décalage horaire, la République tchèque adopte les mêmes horaires d'été et d'hiver que la France.

FAIRE SA VALISE

En été, vous serez habillé comme en France. Pensez à emporter de bonnes chaussures de marche. Prague se visite à pied et les rues sont recouvertes de petits pavés irréguliers, très inconfortables avec des chaussures à talon. Si vous partez en période de grand froid, prévoyez un chapeau ou un bonnet, des gants, une écharpe, un blouson très chaud et des chaussures étanches. Les logements comme les cafés et les restaurants sont surchauffés, veillez donc à pouvoir enlever facilement votre pull. Quelle que soit la saison, n'oubliez pas de mettre dans votre valise une tenue habillée si vous allez à l'opéra ou à un concert de musique classique. L'hiver, par temps de neige, l'usage est d'emporter ses chaussures de soirée dans un sac, et de se changer au vestiaire.

LANGUE

Après le tchèque, la langue nationale, vous pourrez parler l'anglais et l'allemand, et assez souvent le français.

LE VOLTAGE

En République tchèque, comme en France, le courant est de 220 volts, les prises sont les mêmes.

ADRESSES UTILES

CEDOK FRANCE (OFFICE DU TOURISME TCHÈQUE)
18, rue Bonaparte
75006 Paris
☎ 01 53 73 00 32
Lun.-ven. 13h-18h

LE CENTRE TCHÈQUE
18, rue Bonaparte
75006 Paris
☎ 01 53 73 00 25

Pour s'imprégner de culture tchèque avant de partir, demandez le programme des manifestations à Paris.

AMBASSADE TCHÈQUE
15, avenue Charles-Floquet 75043 Paris cedex 07
☎ 01 40 65 13 00
Sur rendez-vous uniquement

CONSULAT TCHÈQUE
18, rue Bonaparte
75006 Paris
☎ 01 44 32 02 00
Lun.-ven. 9h-12h
46, rue Mousse
13008 Marseille
☎ 04 91 22 97 06

MÉLOMANIE

Expression naturelle de l'âme tchèque depuis des siècles, la musique est partout chez elle à Prague : dans les églises qui font presque toutes office de salles de concert, dans les jardins réquisitionnés dès les beaux jours, ainsi que sur le pont Charles ou la place de la Vieille Ville peuplés de musiciens ambulants. Et le piéton submergé de tracts annonçant sonates et requiem vérifie très vite la justesse d'un proverbe qui dit qu' « en chaque Tchèque sommeille un musicien »...

LE « CONSERVATOIRE DE L'EUROPE »

Ébloui par le niveau de connaissances et de techniques qu'il découvre en 1772, le compositeur anglais Charles Burney surnomme la ville le « conservatoire de l'Europe ». Une appréciation prémonitoire puisque c'est effectivement à Prague que le premier conservatoire d'Europe ouvrit ses portes en 1811. Autre témoin de cette fibre musicale, le musée des Instruments de musique (riche de quelques 3 000 pièces). Il est malheureusement fermé au public puisque, après avoir été longtemps accueilli par l'ordre de Malte, il attend un nouveau lieu d'hébergement.

Antonín Dvořák, directeur du Conservatoire de Prague (1901).

GLOIRES NATIONALES

Inséparable de l'épanouissement de l'identité nationale, la musique tchèque trouva son chantre le plus exalté en Bedřich Smetana (1824-1884). S'il fut le premier à intégrer chants et danses populaires à ses œuvres classiques dont les plus connues sont *La Fiancée vendue* et *Ma Patrie*, sa relève fut largement assurée par Antonín Dvořák (1841-1904), célèbre auteur de la *Symphonie du nouveau monde*, Leoš Janáček (1854-1928) et Bohuslav Martinů (1890-1959).

Bedřich Smetana, créateur de l'opéra tchèque.

MOZART, CITOYEN D'HONNEUR

Prague a toujours su fêter les génies nationaux aussi bien qu'étrangers tels Beethoven, Liszt et Chopin, Berlioz et surtout l'Autrichien Mozart.

Wolfgang Amadeus Mozart (1756-1791).

Lassé de l'incompréhension du public viennois, ce dernier décide, en 1786, de venir jouer *Les Noces de Figaro* pour la première fois dans cette ville qui lui réserva un accueil si chaleureux. Ému par cette ovation, il prononce cette célèbre phrase : « Mes Pragois me comprennent. » L'enfant chéri qui fit au total quatre séjours à Prague y possède son musée : la villa Bertramka (Mozartova 169, T.l.j. 9h30-18h). Après la création de *Don Giovanni* au théâtre des États, en 1787 (voir p. 59), c'est là qu'il se reposa chez ses amis musiciens, les Dušek.

LE PRINTEMPS DE PRAGUE

Créé en 1946, ce prestigieux festival s'ouvre chaque année le 12 mai, jour anniversaire de la mort de Bedřich Smetana. Après la messe rituelle sur sa tombe, son grand poème symphonique *Ma Patrie* est interprété dans la salle qui porte son nom à la Maison municipale. Le 3 juin, c'est la *Neuvième symphonie* de Beethoven qui clôture la manifestation.

L'ORCHESTRE PHILARMONIQUE TCHÈQUE

Des chefs aussi réputés que Václav Talich, Rafael Kubelík, Karel Ancerl ont contribué à la réputation de cet orchestre dont

Allégorie des Beaux-Arts sur le fronton de la Maison municipale à Prague (à droite, la musique).

PETITE DISCOTHÈQUE PRAGOISE

Chez Supraphon : Collection en 8 CD des enregistrements historiques de l'Orchestre philharmonique tchèque dirigé par Václav Talich ; *Káťa Kabanová* par Leoš Janáček (Orchestre philarmonique tchèque dirigé par Sir Charles Mackerras) ;

Passions grecques, par Bohuslav Martinů (Orchestre philharmonique national de Brno dirigé par Sir Charles Mackerras). Chez Multisonic : *Vanhal, Mysliveček et Vent, « Mozart et ses amis tchèques »* (Ensemble Virtuosi di Praga dirigé par Oldřich Vlček) **Chez Studio Matouš :** *Missa sanctissamae trinitatis*, par Jan Zelenka (Ensemble Musica Florea dirigé par Marek Štryncl).

Antonín Dvořák, en personne, dirigea le premier concert le 4 janvier 1896. Seule ombre au tableau, l'Allemand Gerd Albrecht, nommé en 1992, a dû face à des pressions « nationalistes », quitter ses fonctions dès 1995. Ironie du sort, il a été remplacé par le Russe, Vladimír Ashkenazy... Outre deux autres orchestres officiels, l'orchestre symphonique de Prague et celui de la radio, on recense des dizaines d'autres formations, notamment de musique de chambre, parmi lesquelles il faut citer l'excellent Quatuor Talich.

PRAGUE, REINE DU BAROQUE

Si Rome est la capitale du baroque au XVIIe s., c'est sans conteste Prague qui la remplace au XVIIIe s. avec ses églises fastueuses, ses palais flamboyants et ses kyrielles de statues. Le paradoxe veut que cette ville, « baroquisée » à son corps défendant, ait su intégrer l'art de l'envahisseur. Au point d'en faire l'architecture prédominante de la cité et l'expression la plus accomplie du génie national...

Façade néo-baroque du début du siècle, dans le quartier de Staré Město.

d'Autriche et de France, l'autre purement baroque d'origine italienne et allemande, l'art pragois mettra un siècle pour les adapter au génie du lieu et connaître son apogée, entre 1700 et 1740. Exploitant au maximum le relief mouvementé de la ville, cet art se distingue par un sens aigu du volume allié à une théâtralité qui ne cesse de ménager ses effets de surprise.

UN ART IMPOSÉ PAR LA VIOLENCE

La défaite de la Montagne Blanche, en 1621, transforme la Bohême en une simple province autrichienne. Sous le joug des Habsbourg catholiques, Prague est entièrement remaniée. L'art de la Contre-Réforme est tout d'abord perçu par les Pragois comme une agression contre leur ville. Un constat justifié puisque la construction du Klementinum, premier lieu d'implantation des jésuites en Bohême, nécessita à elle seule la destruction de trente-deux maisons, deux jardins, un couvent de dominicains et trois églises ! L'élite intellectuelle est chassée tandis que la Prague protestante plonge dans la « nuit baroque », conçue comme une véritable machine de guerre contre l'ancienne foi.

INFLUENCES

Synthèse de deux influences, l'une « classicisante » venue

Église Saint-Nicolas, place de la Vieille Ville.

UNE VILLE BAROQUE

« Prague est un lieu naturellement baroque, une ville-fugue où les rues se chevauchent comme des voix, une ville sensuelle qui a toujours un tournant ou un recoin à avancer pour offrir soudain ses courbes aux caresses du regard »

Petr Král

BRAUN ET BROKOF

Aucune ville au monde ne compte autant de statues. Peuplant les façades, ornant les places et les églises, elles sont l'élément le plus caractéristique du baroque pragois. Nombre d'entre elles ont été réalisées par les très inspirés Mathiás Bernard Braun et Ferdinand Maximilien Brokof. Contemporains, puisque le premier est né en 1684 et le deuxième en 1688, ils moururent tous deux les poumons ravagés par la maladie des tailleurs de pierre. Ne manquez pas, sur le pont Charles, la statue de sainte-Luitgarde (12e à droite en partant de Staré Město), voluptueux pastiche du Bernin sculpté en 1710 par Braun, ni le sensuel saint François-Xavier (5e à gauche), taillé l'année suivante par Brokoff.

TEL PÈRE, TEL FILS

Issus d'une famille de maçons bavarois, Kristof Dientzenhofer (1655-1722), son fils Kilián Ignác (1689-1751) et le gendre de ce dernier, Anselmo Lurago, ont donné à la capitale tchèque ses plus beaux édifices baroques. On leur doit notamment la façade de Notre-Dame-de-Lorette et l'église Saint-Nicolas de la place de la Vieille Ville, à ne pas confondre avec la magistrale église Saint-Nicolas de Malá Strana, également édifiée par cette géniale dynastie.

Église Notre-Dame-de-Lorette.

COMMENT DÉCOUVRIR LA PRAGUE BAROQUE ?

Flâner dans ces deux hauts lieux du baroque que sont les quartiers de Malá Strana et Staré Město. Les monuments à voir absolument sont : Klementinum (voir p. 58) Saint-Nicolas de Malá Strana (voir p. 48), Notre-dame-de-Lorette (voir p. 34), le palais Buquoy (voir p. 50), le palais Wallenstein (voir p. 50), le pont Charles (voir p. 46), la rue Nerudova (voir p. 49), la Villa Amerika.

UN DESIGNER NÉO-BAROQUE

Avec ses fauteuils capitonnés évoquant la Prague de Mozart et ses exubérants vases en verre coloré, Bořek Šípek revendique l'héritage baroquissime de sa ville natale. Exilé en Allemagne en 1968, puis aux Pays-Bas en 1983, il est revenu après la « révolution de velours » de 1989 et dirige, depuis 1992, les travaux de reconstruction du château de Prague. Parmi les travaux les plus importants de cet artiste aussi complet qu'éclectique figurent l'ameublement des boutiques Karl Lagerfeld partout dans le monde ainsi que le dessin du premier service de table en porcelaine commandé par la manufacture de Sèvres depuis le XVIIIe s.

Prague 1900 : Sécession et cubisme

Aux tournants des XIXe et XXe s., une époustouflante explosion créatrice met la ville à l'avant-garde de l'art européen. Cousin slave du *Jugendstil* allemand, de la Sécession autrichienne et de l'Art nouveau français, la version pragoise de ce courant s'épanouit si bien que, du *Café Europa* à la gare centrale en passant par le palais Lucerna, quelques trois cents édifices Art nouveau sont officiellement recensés !

Vitrail d'Alfons Mucha, Cathédrale Saint-Guy.

Faire sécession
Traduction littérale de la « Sécession » viennoise, cette révolution architecturale doit son nom de *Secese* à la volonté revendiquée de rompre avec le style historicisant du XIXe s pour trouver un nouveau langage esthétique. Apparu pour la première fois lors de l'exposition du jubilé de 1891, il se caractérise par l'omniprésence de lignes courbes et de motifs végétaux et floraux.

Un art total
L'architecture, la peinture, mais aussi l'ensemble des arts décoratifs sont concernés par la *Secese*, fondée sur le concept de l' « art total ». Vitraux, placages de stucs rehaussés d'or, papiers peints, mosaïques, meubles et bijoux participent de ce qui, plus qu'un courant esthétique, se conçoit comme un nouvel art de vivre.

Le « style nouille » de Mucha
Né en 1860 en Moravie, le plus connu des artistes tchèques n'est autre que l'incarnation même de l'Art nouveau avec ses ensorcelantes créatures aux chevelures flottantes, dans une profusion de fleurs et d'arabesques. On qualifie son œuvre de « style nouille ». C'est à Paris avec une première affiche dessinée pour Sarah Bernhardt que ce brillant touche-à-tout, illustrateur, mais aussi peintre, sculpteur et créateur de somptueux bijoux et robes, devient célèbre, en 1894. Refusé à l'Académie, Mucha quitte Prague à 19 ans. Il y revient définitivement en 1910 et décore la salle du conseil de la Maison

municipale. Après avoir longtemps boudé le plus parisien de leurs compatriotes, les Pragois ont enfin inauguré le musée Mucha en février 1998 (Panská 7, ☎ 628 41 62, t. l. j. 10h-18h).

ART DÉCORATIF
Melantrichova 5.
☎ 26 08 34.
T. l. j. 10h-20h.

Voici le royaume de la copie de qualité dont certaines pièces sont réalisées par Jarmila Plocková, la propre petite-fille d'Alfons Mucha ! Vous y trouverez une grande variété de lampes Art nouveau et surtout des répliques des bijoux de Mucha, comme la broche en forme de papillon dessinée pour Sarah Bernhardt. Comptez 3 600 Kč pour un service Art déco comprenant une carafe et six verres, environ 2 000 Kč pour des vases en série limitée et jusqu'à 41 000 Kč pour les superbes répliques des appliques de la Maison municipale.

VILLAS BABA
Même s'il est un peu excentré le petit quartier de Baba vaut une visite pour ses trente-trois villas, bâties entre 1928 et 1933. Conçu comme une véritable « colonie constructiviste » par Pavel Janák, ce surprenant lotissement a été entièrement élevé par des membres de l'avant-garde architecturale tchèque des années 30, tels que Josef Gočar ou Adolf Loos.
Rues Na Babě, Nad Pat'ankou, Jarní, Přehledová. Accès par le tram (20, 25).

LE CUBISME
En réaction à la ligne serpentine de l'Art nouveau, Prague sacrifie au cubisme, et ce, dès 1910. Fondé par des épigones de Braque et de Picasso, le « groupe des plasticiens », comme on les appelle alors, s'adjoint le concours d'architectes tels Josef Chochol, Josef Gočar ou Pavel Janák qui seront les seuls en Europe à être assez hardis pour mettre en œuvre une architecture cubiste. C'est au pied de la colline historique de Vyšehrad (voir p. 64) que se dressent ces étonnantes réalisations.

UNE JOURNÉE ART NOUVEAU

Arrivé par le train à la **gare centrale** (Wilsonova 8/300), vous pouvez petit-déjeuner à l'**hôtel Europa**, vous recueillir devant la statue de Jan Hus, signée Ladislav Šaloun, puis vous rendre au **musée Mucha**. Après un déjeuner à l'**hôtel Paříž**, votre après-midi sera consacré à la visite du **musée des Arts décoratifs** (voir p. 47). Le soir, vous passerez un excellent moment en assistant à un concert, puis en dînant à l'**Obecní dům**. Pour terminer la soirée, allez prendre un dernier verre au *Lucerna Bar* (voir p. 55).

KAFKA, HASEK ET HRABAL : FIGURES DE PRAGUE

Si Prague est une ville connue dans le monde entier, elle le doit sans doute aux écrivains étrangers de passage, qu'elle a fascinés ou effrayés (en France, Chateaubriand, Apollinaire, Camus...). Mais si elle demeure pleine de légendes, de mystères et de secrets, elle le doit surtout aux écrivains tchèques qui puisent en elle leur inspiration et lui donnent ses véritables figures de légendes. Parmi eux, citons Kafka, pour se perdre dans son invraisemblable labyrinthe, Hašek pour l'humour tchèque envers et contre tout, et Hrabal pour la poésie et la sagesse populaire.

Palais Kinsky où Franz Kafka fut étudiant jusqu'en 1901.

FRANZ KAFKA

Franz Kafka est né à Prague, en 1883, d'une famille juive. Il est sans doute le plus célèbre des écrivains tchèques, de langue allemande, internationalement connu pour *La Métamorphose* ou *Le Procès*. L'œuvre de Kafka est profondément marquée par Prague. Au fil des années et des déambulations, il voit disparaître le vieux ghetto juif et se construire une ville nouvelle dans laquelle il ne se reconnaît pas. « *La vieille ville juive malsaine qui est en nous est beaucoup plus réelle que la nouvelle ville hygiénique autour de nous* » dit-il en 1902. Il fréquente les cafés littéraires, le *Café Louvre*, le *Savoy*, le *Café Arco* le *Slavia* et retrouve des intellectuels, des artistes

Franz Kafka, lui-même profondément marqué par la solitude, a su créer une écriture « fantastique » soulignant l'expérience déchirante de la séparation entre l'homme et le monde.

lors de débats animés. C'est au *Café Štefan* qu'aura lieu la première version de *La Métamorphose*, présentée par Ernst Pollack. Avant de mourir, en 1924, il demande à son ami Max Brod de brûler ses écrits. Ce dernier désobéit et, grâce à lui, la plus grande partie de l'œuvre de Kafka paraît après sa mort.

l'humour et « *l'esprit de don Quichotte dans la panse de Sancho* ».

BOHUMIL HRABAL

Bohumil Hrabal est né en 1914. En 1946, il est docteur en droit, mais n'exercera jamais. Cheminot, commis-voyageur, ouvrier dans une aciérie, emballeur de vieux papiers, figurant de théâtre, il cumule les emplois précaires et vit modestement au milieu d'individus sans instruction. Il observe, il écoute et il écrit pendant des années, sans même l'espoir d'être un jour publié. La nature humaine et l'humour populaire, « l'anecdote de brasserie » l'inspirent. En 1963, enfin, est publié *Une perle sur le fond*. Aussitôt, l'éloge de la critique s'accorde à l'engouement du public. D'autres livres suivent qui font le succès du plus célèbre des écrivains tchèques des années 60 : *Trains étroitement surveillés* (adapté au cinéma par Jiří Menzel, Oscar en 1967), *La Chevelure sacrifiée*, *Une trop bruyante solitude*, *Moi qui ai servi le roi d'Angleterre*. À la poésie et au comique de ses récits se mêlent la gouaille pragoise,

JAROSLAV HAŠEK

Contemporain de Kafka, né également en 1883, Jaroslav Hašek est l'auteur *Des Aventures du brave soldat Švejk*. Écrivain, journaliste, grand orateur, soldat dans l'armée rouge en 1918, Hašek est avant tout un humoriste bon vivant. Il fréquente les cabarets et les tavernes et se fait refuser des cercles d'intellectuels pragois. Peu importe, l'épopée du *brave soldat Švejk* dans l'armée austro-hongroise se vend dans la rue et Hašek devient rapidement populaire dans toute l'Europe Centrale. Il meurt jeune, en 1923, laissant un ami terminer le dernier volume des aventures du soldat naïf et roublard. Son œuvre compte parmi les gloires de la littérature tchèque ; à découvrir pour comprendre

SUR LES PAS DE KAFKA

Pour un rapide pèlerinage, se rendre place de la Vieille Ville. Kafka est né dans la Maiselova, à gauche de l'église Saint-Nicolas. De 1893 à 1901, il est étudiant au palais Kinský, anciennement lycée impérial de langue allemande, au n°12 de la place. La famille Kafka vécut dans la maison décorée de sgraffites au n°3 (Dům U Minuty) et au n°3 de la Celetná, voisine de l'église gothique de Týn. La tombe de Kafka est nichée dans la verdure du nouveau cimetière juif d'Olšany (métro A, Želivského).

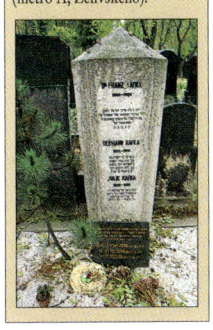

le langage parlé et l'argot. Sa mort, le 3 février 1997, a bouleversé le pays. Si vous êtes curieux de connaître l'univers de Hrabal, avant de le lire, allez donc prendre une bière dans ce qui fut son fief, à la taverne du *Tigre doré* (voir p. 59).

Verre, cristal et cristallin

Depuis le XIVe s., la verrerie de Bohême a su créer un art original de réputation internationale, qui lui a permis de rivaliser avec le cristal de Venise et le Baccarat. Fabriqué à base d'un mélange de métaux et de sable de Bohême, le savoir-faire des maîtres verriers tchèques est un secret jalousement gardé dont on sait seulement qu'il n'utilise pas le plomb.

La Bohême et l'art du verre

En Bohême, depuis le Haut Moyen Âge, on pratique l'art du verre : perles pour bracelets et colliers, verres à boire soufflés, mosaïque de verre sur le portail sud de la cathédrale Saint-Guy… Au XVIe s., les aristocrates de la cour des Habsbourg exigent des modèles plus raffinés : les artistes créent des pièces de style Renaissance, inspirées du cristal de Venise. Vers 1600, le joaillier de Rodolphe II, Caspar Lehmann, applique au verre les techniques de gravure des pierres précieuses, avec des roues de bronze et de cuivre. Grâce à lui, le verre gravé se développe en Bohême. Les verres à pied polis, aux décors en relief de style baroque, les gobelets à multiples facettes de verre fin, gravés de motifs fleuris sont exportés dans le monde entier.

Des techniques de plus en plus perfectionnées

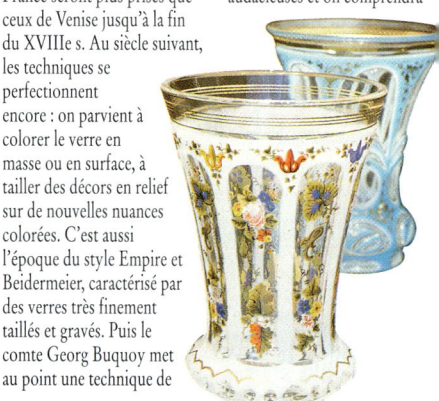

À partir de 1720, la décoration s'enrichit de la dorure et de la peinture et ces verres que l'on retrouve à la table du roi de France seront plus prisés que ceux de Venise jusqu'à la fin du XVIIIe s. Au siècle suivant, les techniques se perfectionnent encore : on parvient à colorer le verre en masse ou en surface, à tailler des décors en relief sur de nouvelles nuances colorées. C'est aussi l'époque du style Empire et Beidermeier, caractérisé par des verres très finement taillés et gravés. Puis le comte Georg Buquoy met au point une technique de verre opaque et épais, coloré, orné de motifs chinois, (l'Europe découvre l'Orient), incrustés d'agathe et de rubis. Utilisé pour les glaces, les assiettes, et les bijoux en verroterie, le cristal de Bohême devient définitivement célèbre. Au XXe s., l'Art nouveau s'empare du cristal, le modèle à la manière des cubistes et donne au verre des allures résolument avant-gardistes. Un air follement créatif souffle au fond des carafes. Aujourd'hui encore, ces créations semblent très audacieuses et on comprendra qu'elles continuent à inspirer des designers partout dans le monde.

HISTOIRES DE PLOMB

En France, la technique habituelle de fabrication du cristal se fait avec du plomb. Ce métal rend le verre plus tendre, donc plus facile à tailler et à graver, et lui donne des éclats lumineux. Plus il y a de plomb, plus ça brille. Certains maîtres verriers tchèques travaillent encore le verre sans plomb selon la manière traditionnelle. Ainsi, la célèbre maison Moser crée toujours ses pièces de verre sans utiliser de plomb, grâce à une composition chimique complexe qui lui garantit clarté, qualité et dureté. À Prague, l'étiquette cristal peut donc désigner un verre raffiné et de très bonne qualité, même s'il est fabriqué sans plomb. Ces modèles, gravés et taillés, valent aussi chers que du cristal français ou anglais.

DU PLOMB DANS L'AILE

Les effets néfastes du plomb sur la santé ne sont pas encore vraiment prouvés, même s'il est déconseillé de stocker longtemps de l'alcool dans des carafes en cristal (de petites particules peuvent contaminer le liquide). Selon des critères de l'Union européenne, le verre contient moins de 4 % de plomb, le cristal plus de 10% et le cristal de très haute gamme au moins 30% (34% pour le cristal français de Baccarat). En République tchèque, le vrai cristal contient au moins 24% de plomb tandis que le cristallin est au-dessous de ce pourcentage, mais il contient plus d'oxyde de baryum pour les éclats lumineux et la brillance recherchés.

LES MUSÉES

Uměleckoprůmyslové Muzeum (musée des Arts Décoratifs)
Ul. 17. listopadu 2, Prague 1
☎ 510 931 11
Mar.-dim. 10h-18h

Outre la collection de mobilier et d'affiches, et celle de céramiques et de pocelaines, vous découvrirez dans ce musée l'art de la verrerie de Bohême du Moyen Âge au XXe s., et surtout la très belle collection de verrerie Art déco.

Muzeum česě ho sklq (musée du Verre tchèque)
Staroměstské náměstí 26, Prague 1
☎ 24 23 80 51
En rénovation.

Après la collection de pièces du XIVe s. au XXe s., la visite se poursuit au sous-sol par l'atelier des maîtres verriers. En pleine chaleur (le verre fuse à 1 350 degrés !), ils travaillent devant vous le verre en fusion qu'ils métamorphosent avec une aisance déconcertante en pièces de cristal éclatant.

La passion des marionnettes

Si les marionnettes ont une terre promise, elle se trouve sans aucun doute à Prague. Omniprésents, ces petits acteurs de chiffon y suscitent un enthousiasme constant depuis le XVIIe s. Rien d'étonnant donc à ce que l'Union internationale de la marionnette, une organisation qui réunit aujourd'hui plus de 8 000 membres de 77 pays, soit née en 1929 dans la ville qui a érigé la manipulation de ces pantins grimaçants au rang des beaux-arts.

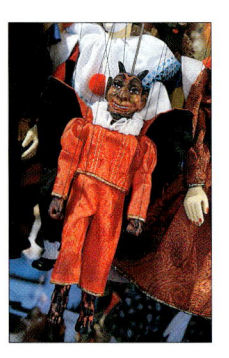

Un goût venu d'ailleurs

Véritable passion nationale, l'intérêt pour les marionnettes est importé, en Bohême, après la guerre de Trente ans (1618-1648) par des troupes anglaises, allemandes et italiennes. Vers la fin du XVIIIe s, ces comédiens étrangers sont remplacés par des artistes tchèques. Ces derniers, en démontrant l'aptitude culturelle de leur langue, participent à la propagation de l'idée d'une « renaissance nationale ».

Âge d'or

Aux tournants des XIXe et XXe s., le théâtre de marionnette connaît lui aussi sa « renaissance ». Des artistes et décorateurs tels que les peintres Vít Skála et Ota Bubeníček, et surtout le sculpteur Ladislav Šaloun donnent ses lettres de noblesse à cet art mineur. L' « Union tchèque des amis de la marionnette » est créée en 1911, et le *Magazine tchèque de la marionnette* en 1912, tandis que dans les années 20, on recense plusieurs centaines de théâtres d'associations et de théâtres scolaires.

Les « marionnettes d'Aleš »

Connu pour ses fresques qui ornent certaines maisons pragoises, le peintre Mikuláš Aleš (1852-1913) crée, au début du XXe s. les fameuses marionnettes dites « d'Aleš ». C'est tout simplement pour amuser ses enfants qu'il colle sur du carton des figurines naïves aux têtes surdimensionnées. Ses dessins ont servi de modèle aux premières marionnettes tchèques fabriquées en série. Apparues sur le marché en 1912, elles sont toujours commercialisées avec le même succès. Observez attentivement le « sage bourgeois à barbe blanche », son modèle n'est autre que le portrait de l'artiste en personne !

Spejbl et Hurvínek

Même Guignol ne peut rivaliser ici avec l'inimitable couple formé par Špejbl, le père, râleur impénitent, et son fils Hurvínek à la voix de fausset. Aisément reconnaissables avec leurs gros sabots rustiques, les deux petits personnages en bois, conçus dans les années 20 par Josef Skupa (1892-1957), sont aussi des vedettes du petit écran grâce au célèbre cinéaste d'animation, Jiří Trnka.

Les ficelles du petit Gaspard

Il comprend douze protagonistes : Guignol, le diable, la Mort ainsi que six personnages masculins et trois féminins. Leurs tailles peuvent varier de 30 à 80 cm, mais ce sont exclusivement des marionnettes à fils, jamais à gants ni à tige. Figure incontournable, Guignol fut définitivement adopté par le public tchèque vers 1810, et rebaptisé, pour la circonstance, « Kašpárek », autrement dit « Petit Gaspard ».

Le théâtre national de marionnettes de Prague

Créé en 1991, il s'efforce de faire revivre la grande tradition de l'école tchèque. Les cinquante marionnettistes de la troupe sont, pour la plupart, diplômés ès-« marionnettes » du conservatoire d'art dramatique. Les puristes ne manqueront pas d'assister à une représentation de la plus célèbre des pièces du répertoire : *Don Juan*, écrite en 1782, soit cinq ans avant la première de l'opéra de Mozart, à Prague.
Renseignement et tickets :
Via Praga, Žatecká 1,
☎ 232 25 36.

La boutique Pod Lampou

U Lužického semináře 5.
T.l.j. 11h-20h.

Au pied du pont Charles, marionnettes en bois, en céramique ou en plâtre se balancent gaiement au plafond de ce petit magasin, ouvert en 1994, en forme de maison de poupée. Soucieux de la qualité de ses petites figurines, le propriétaire, Pavel Truhlar, s'approvisionne auprès d'une trentaine d'artisans triés sur le volet. À vous de choisir parmi quelques 1 500 modèles, de 190 à 17 000 Kč.

LE GRENAT DE BOHÊME

En Bohême, pays des pierres fines et semi-précieuses, on travaille le grenat depuis des lustres. Extrait dans la région nord de la République Tchèque, à Turnov, non loin du Český Ráj, (le *paradis tchèque*, en v.o.), ce silicate rouge est toujours l'un des plus recherchés.

PETITE HISTOIRE DU GRENAT

« Pyrope » est le vrai nom, beaucoup moins poétique, du grenat rouge de Bohême. Jusqu'au Moyen Âge, il est à la fois utilisé à des fins médicinales et travaillé, taillé et serti de métal précieux. Le grenat monté sur bague est fabriqué dès la fin du XVIe s., et exploité à Turnov à partir du début du XVIIe s. Rodolphe II (archiduc d'Autriche, empereur germanique, roi de Hongrie et de Bohême) est l'un des tout premiers admirateurs de cette pierre. Il en possède une très belle collection comprenant des grenats bruts ou montés. En 1609, Boetius de Boot, le médecin de l'empereur, raconte qu'il possède un des plus gros grenats du pays.

UNE RENOMMÉE INTERNATIONALE

Rapidement, la réputation de cette pierre dépasse les frontières du royaume de Bohême et la demande s'accroît. En 1785, 187 artisans joailliers travaillent le grenat dans les ateliers tchèques. Ils sont 259 sept ans plus tard. On raconte que les dames de la cour du Russie se parèrent de grenats de Turnov en 1815, au congrès de Vienne, pour fêter la chute de Napoléon. Les bijoux de grenats courent le monde, les marchands et les grandes expositions. Les archives mentionnent la présence très remarquée d'orfèvres bohémiens qui exposent leur production à Berlin en 1844, comme à Amsterdam en 1883 où l'entreprise *Kratochvil* emporte la médaille d'argent pour une de ses créations.

LE GRENAT À TOUTES LES SAUCES

À la fin du XIXe s., les productions se diversifient. Le grenat utilisé jusque là comme pierre décorative, occupe une plus large place dans la composition du bijou lui-même. La monture se fait plus discrète et le métal est presqu'entièrement masqué. L'engouement de l'époque est tel que le grenat envahit ensuite les coupe-papiers, les cadres de photos, les poudriers ou les étuis à cigarettes. À partir de 1900, les joailliers se mettent à la mode de l'Art nouveau : arabesques et motifs végétaux sertissent les pierres sur les broches, les peignes ou les pendentifs. Ces bijoux à la mode s'exportent partout et contribuent à asseoir la réputation des grenats de Bohême.

LE GRENAT AUJOURD'HUI

Dans les vitrines des bijouteries pragoises on trouve couramment du grenat sous toutes les formes, mais les créations restent assez sages et dépourvues de grande originalité. Bagues, boucles d'oreilles, broches, bracelets, pendentifs, porte-bonheur, cœurs ou croix ont le plus souvent des formes très classiques, un peu rétro mais non dénuées de charme. Même acheté d'hier, un bijou tchèque pourrait faire penser qu'il vous vient de votre grand-mère… Les proportions entre le grenat et le métal n'ont pratiquement pas changé depuis la fin du XIXe s. et, dans bien des cas, les montures sont dissimulées par un grand nombre de petites pierres fixées côte à côte.

UNE ADRESSE EN OR

La coopérative artisanale *Granát*, installée à Turnov, la capitale du grenat de Bohême, perpétue la fabrication de ces bijoux typiquement tchèques. Leur collection actuelle compte 3 500 modèles, mais ne vous attendez pas à y trouver des créations très hip-hop. La plupart des montures sont en argent, en vermeil ou en or de 14 et 18 carats. Vous pourrez essayer et acheter ces bijoux à *Granát Turnov* (Dlouhá 28-30- Staré Město, voir p. 91).

UNE PIERRE QUI PORTE BONHEUR

De tout temps on a attribué au grenat des facultés mystérieuses. Par sa couleur rouge ardent, très foncé mais d'une transparence presque absolue, cette pierre évoque une goutte de sang. On lui prête donc le pouvoir d'apporter santé, vigueur, énergie ou courage. Il paraît même qu'il met de bonne humeur ceux qui le portent… Symbole sanguin, le grenat a été très tôt associé au mystère de l'Eucharistie. On le retrouve donc dans l'ornementation de l'orfèvrerie liturgique, comme sur les ostensoirs dorés ou les croix que l'on peut voir à l'Abbaye de Strahov (Klášter Premonstrátů na Strahově, Strahovské nádvoří, Prague 1, ouv. de 9h à 12h et de 12h30 à 17h).

LA BIÈRE COMME ÉLIXIR DE VÉRITÉ

Avec 153,6 litres par personne et par an, les Tchèques détiennent le record mondial de consommation de bière. Rien d'étonnant si le mot *pivo* qui désigne le breuvage national vient du verbe « boire » (*piti*), une activité omniprésente dans la vie pragoise ! Témoin de ce culte immodéré, un « Parti des amis de la bière » regroupant plusieurs milliers de membres a même été créé lors des élections de 1990.

UNE CIVILISATION DE LA BIÈRE

Appréciée en Bohême dès le XIe s., la bière connaît son véritable essor au XIIIe s grâce au roi Václav Ier qui abolit officiellement l'interdiction du brassage sous peine d'excommunication... que personne ne respectait ! C'est l'harmonie entre la qualité de l'orge utilisée pour fabriquer le malt, le houblon fin de Bohême et l'extrême douceur de l'eau de source locale qui lui valent de conquérir, dès le XIVe s la réputation – méritée – d'être l'une des meilleures bières au monde.

DEUX BLONDES CÉLÈBRES ...

Parmi les quelques 400 marques produites sur le territoire, la plus renommée est la *Plzeňský prazdroj*, plus connue sous son nom allemand de *Pilsen Urquell*, autrement dit « source originale ». C'est le brasseur bavarois Josef Groll qui la fabriqua pour la première fois, en 1842, dans la ville de Plzeň (*Pilsen*, en allemand), située à 80 km de Prague. Ses qualités exceptionnelles expliquent qu'elle soit devenue une appellation générique, les termes *Pils*, *Pilsner* ou *Pilsener* désignant désormais une bière blonde dont la saveur prononcée de houblon a été obtenue après une deuxième fermentation à basse température. Sa seule rivale en matière de notoriété n'est autre que la *Budvar* ou *Budweiser* de České Budějovice (*Budweiss* en allemand), en Bohême du sud. À ne pas confondre avec la boisson homonyme brassée aux États-Unis !

... ET UNE BRUNE TRÈS SPÉCIALE

Antre mythique des buveurs de brune depuis 1499, « U Fleků »(Křemencova 11) a la particularité d'être la seule *pivnice* pragoise à brasser et débiter sa propre bière. Chaque année, 6 000 hl d'une inimitable mousse « maison », noire et légèrement sucrée, y sont produits et consommés exclusivement sur place. À visiter aussi le « jardin à bière », ouvert l'été, qui fait penser aux terrasses des tavernes bavaroises.

NULLE PART AILLEURS

Profitez de votre séjour pour découvrir les trois autres marques réputées produites en ville : la *Staropramen*, la *Braník* et la *Pražan*. Goûtez aussi la brune *Krušovice* qui vient des environs, tout comme la blonde

Velkopopovický kozel. Assez forte, cette dernière se distingue par son étiquette sur laquelle on voit un bouc tenant un bock.
Vivant dans l'enceinte de la brasserie, l'animal est censé donner à la bière son petit fumet particulier !

BIÈRE, MODE D'EMPLOI

Le breuvage doit être servi à la température de la cave et avec de la mousse. Pour tester sa qualité, il suffit de vérifier qu'une allumette enfoncée verticalement demeure dix secondes en position. Une fois la première commande passée, les chopes sont remplacées automatiquement, le garçon ajoutant un trait sur le carton dont chaque table est munie. À vous de stopper le flot pour ne pas vous retrouver « saoul comme un Danois », comme on dit en Bohême.

UNE QUESTION DE DEGRÉS

Si vous achetez de la bière en bouteilles, sachez que le degré mentionné en gros sur l'étiquette est celui de la teneur en moût (en général 10 ou 12°) et n'indique pas le taux d'alcool, mais la proportion de malt qui entre dans sa composition. Pour calculer le degré alcoolique, souvent omis ou inscrit en caractères minuscules, il suffit de diviser par trois la teneur en moût.

PETIT LEXIQUE DU BUVEUR DE BIÈRE

Pivo : bière
Velké pivo : grande bière (50 cl)
Malé pivo : petite bière (30 cl)
Pivnice : mot élégant pour désigner un bar à bière dont le nom populaire est *hospoda* et le terme générique *hostinec*
Pivovar : brasserie
Pivní sýr : fromage à bière obtenu par le mélange corsé d'un fromage à pâte molle, d'oignons hachés, de paprika et de sardines, le tout noyé... de bière !
Tekutý chléb : « pain liquide », autre nom local de la bière

LES BALS

« *Tout le pays brillait comme un parquet de bal, et tous allaient dansant sur un sol musical* », écrit fort justement Jan Neruda décrivant ce qui, beaucoup plus qu'un simple divertissement est une composante essentielle de l'art de vivre à la pragoise. Apparue il y a plus d'un siècle, cette tradition perdure avec un éclat auquel chaque corporation ou association met un point d'honneur à contribuer en organisant son propre bal, tandis que l'apprentissage des figures imposées de la danse de salon dès le plus jeune âge reste une quasi-obligation sociale.

PREMIERS PAS DE DANSE

Introduite au début du XVIIIe s. par l'aristocratie autrichienne qui donne des bals somptueux dans ses palais pragois, cette pratique connaît un tel essor qu'un siècle plus tard la ville ne compte pas moins d'une vingtaine de salles de danse. On y sautille alors au son de la polonaise, de la gavotte et de la valse. Mais très vite, les Tchèques s'approprient si complètement cet art venu d'ailleurs qu'ils créent leurs propres danses telles que la *Česká beseda* ou la *polka*.

VALSES PATRIOTIQUES

Directement lié à l'intense mouvement de renaissance nationale apparu au début du XIXe s., l'art de la valse prend alors une coloration nettement politique. Dès 1840, les patriotes revendiquent leur identité en organisant les premiers « bals tchèques ». Et c'est notamment grâce à la recette d'une grande fête organisée en avril 1848 que la construction du Théâtre

Bedřich Smetana (1824-1884).

national, financée par une souscription privée, put avoir lieu. Chantre de la nation tchèque par excellence, le compositeur Bedřich Smetana en fit l'un de ses thèmes de prédilection. C'est ainsi que *La Fiancée vendue*, « le » grand opéra national tchèque par excellence, réinterprète des airs de polka venus du répertoire populaire, tandis que tout le final du premier acte est un hommage appuyé à ce tourbillonnant pas de deux.

UN APPRENTISSAGE OBLIGATOIRE

Toute éducation pragoise digne de ce nom comporte l'apprentissage de la sacro-sainte polka, mais aussi de la valse, du tango, de la rumba, du paso-doble, du rock n'roll, et autres danses de salons enseignées dans les plus pures règles de l'art. Entre 15 et 17 ans, filles et garçons sont donc inscrits d'office aux *Taneční* (cours de danse). Point d'orgue de cet apprentissage, le premier bal du cours est l'occasion pour les débutants de montrer leur talent aux mères venues assister en grande pompe aux entrechats de leur progéniture. Ce bal inaugure leur entrée dans le monde.

POLKA

Attention aux impairs. Autant vous prévenir, les Tchèques sont assez sourcilleux sur ce point. Sachez donc que ce fleuron du patrimoine national n'est pas né en Pologne comme le suggère son nom, mais bien ici, au début du XIXe s. L'origine de l'appellation donnée à cette danse à deux temps, initialement dénommée *polka*, vient tout simplement du mot *půl* qui signifie « moitié ». De nombreux compositeurs tchèques ont écrit des partitions pour ce tourbillonnant pas de deux, la plus célèbre étant la *Škoda lásky* ou *Amour envolé*, composé par Jaromír Vejvoda (1902-1988) et devenu un standard international sous son nom américain de *Beer Barrel Polka*.

La polka se répandit progressivement dans toute l'Europe, comme l'atteste ce dessin français du milieu du XIXe siècle.

LA SAISON DES BALS

Si la danse est pratiquée toute l'année avec assiduité, la saison des bals bat son plein de janvier à mars. Et chaque corportation a le sien, des pompiers aux buveurs de bière en passant par les cheminots, sans oublier le « bal des snobs » ni… celui de l'Institut français de Prague ! Les grands bals ont traditionnellement lieu au palais Lucerna (voir p. 55), au palais Žofín (voir p. 47) et à l'Obecní dům (voir p. 61). La meilleure manière de comprendre ce temps fort de la vie pragoise étant de participer à l'une de ces soirées privées, n'hésitez surtout pas si vous rencontrez des Tchèques qui vous invitent à les accompagner. Sinon, une seule solution : jouez les Cendrillon à la soirée dansante de l'Obecní dům, accessible à tous, tous les samedis soirs de 18h à minuit.

LA FIÈVRE DU BACCALAURÉAT

Généralement organisé en février, autrement dit à une distance raisonnable de l'examen final, le *maturitní ples* ou « bal du bac » a des allures de véritable rituel initiatique. À cette occasion, chaque lycéen se doit d'inviter à danser son professeur principal. Juste retour des choses, les spectateurs, famille et amis, manifestent alors leur soutien en faisant pleuvoir pièces et billets que les participants recueillent en tendant de grands filets à bout de bras.

Le Palais Žofín où se déroulent de nombreux bals en saison.

Saveurs pragoises

Très proche de celle de ses voisins allemands et autrichiens, la cuisine tchèque est une cuisine d'Europe centrale, c'est-à-dire une robuste cuisine d'hiver dont les ingrédients de base sont les viandes de bœuf et de porc, le chou et la crème fraîche. Autant dire qu'elle n'est pas d'une « insoutenable légèreté », ce qui ne l'empêche pas de comporter d'intéressantes spécialités aussi goûteuses que... consistantes !

Cuisine traditionnelle

Peu variée, la gastronomie pragoise se résume à quelques plats standards qui figurent immanquablement sur la carte de tous les restaurants. L'incontournable *vepřo-knedlo-zelo*, véritable plat national tchèque, se compose de porc rôti, de *knedlíky* (voir ci-dessous) et de choux. Très prisée également, la *svíčková na smetaně* est un filet de bœuf à la crème et aux airelles tandis que la *guláš* hongroise, ragoût de bœuf noyé dans une sauce aux oignons et au paprika a trouvé ici sa seconde patrie.

Polévka

Aucun repas pragois digne de ce nom ne saurait commencer autrement que par une *polévka* : une simple soupe. Les plus courantes sont la *bramboračka* aux pommes de terre, la *houbová* aux champignons et la *gulášová*, à base de bœuf et de pommes de terre. Les amateurs ne manqueront pas la *dršťková* aux tripes hachées et fortement épicées ! Un bon conseil, la plupart des restaurants ayant la fâcheuse habitude de servir la soupe tiède, précisez absolument que vous la voulez chaude : *teplá* !

Knedlíky

LA spécialité par excellence ! Ces sortes de quenelles coupées en rondelles servent d'accompagnement à la plupart des plats. On distingue trois grandes variétés de *knedlíky* : les *houskové knedlíky*, préparées avec

Manger sur le pouce

Si les Pragois consacrent peu de temps aux repas, l'habitude nationale est de s'arrêter pour manger un morceau dès qu'un petit creux se fait sentir. Dans ce cas, il suffit de se rendre dans un *Bufet* (snack-bar) ou dans une *lahůdky* (épicerie) pour savourer un ou plusieurs *chlebíčky*, de délicieux petits canapés tartinés au choix de jambon, de salami et cornichon, de fromage frais et radis, ou encore de salades assaisonnées de mayonnaise. Autre option, les *párky*, saucisses de francfort ou les *klobásy*, saucisses grillées, accompagnées de pain bis et de moutarde aigre-douce, vendues dans de petites échoppes réservées à cet effet.

l'escalope panée, en passant par les boulettes de viande, les champignons, le chou-fleur ou encore la carpe, mille et une variantes s'offrent à vous. Pouvant, elles aussi, aller du meilleur au pire selon la qualité de la friture. Goûtez quand même la *bramborák*, une galette de pommes de terre frites et parfumées à la marjolaine.

Cochonailles

Le célèbre jambon de Prague est un jambon blanc, généralement servi avec un mélange de fromage frais et de raifort, *pražská šunka*. Plus relevé, l'*utopenec*, littéralement « le noyé », se compose de tranches de saucisses de porc, marinées dans du vinaigre. N'hésitez surtout pas à faire provision de salamis, saucissons et autres fromages de tête que vous trouverez partout dans les nombreuses charcuteries du centre ville. Ils sont délicieux et très pauvres en matière grasse. Pensez à acheter, en accompagnement, des bocaux de cornichons aigre-doux.

La carpe de Noël

La tradition veut qu'une semaine avant Noël on achète la carpe, qui est le plat principal des menus traditionnels du réveillon. À cette occasion, des marchands ambulants installent sur les trottoirs de la ville de grandes bassines où chacun vient choisir le poisson de son choix. Conservé vivant, il ne sera préparé que le 24 décembre où il sera accomodé de différentes façons : soupe de carpe, suivie de filets de carpe panés, accompagnés d'une salade de pommes de terre.

du pain, les *bramborový knedlíky*, à base de pommes de terre râpées et les *špekový knedlíky* au lard. Goûtez-les sans hésiter, mais faites l'impasse sans regret sur les *ovocné knedlíky*, c'est-à-dire les *knedlíky* aux fruits que certains extrêmistes vont jusqu'à vous proposer en dessert !

La meilleure façon de paner

Smažený : retenez bien ce mot ! Il signifie pané, et vous le retrouverez de manière omniprésente sur toutes les cartes de restaurant, la panure étant la façon la plus courante d'accomoder les aliments. Du fromage chaud pané à

Prague mode d'emploi

COMMENT SE DÉPLACER ?

VOITURE

Pour un séjour d'un week-end à Prague, la voiture n'est absolument pas indispensable. La ville se découvre et se visite facilement à pied ou avec les transports en commun. Comme le stationnememt est interdit dans le centre pour les voitures des non-résidents, les places y sont plutôt rares. Inutile de tenter le diable en vous garant malgré tout : vous risquez de retrouver votre véhicule immobilisé par une *botička* (sabot).

Dans ces cas-là, pour libérer votre voiture, appelez le numéro de téléphone noté sur l'avis laissé sur votre pare-brise, ou appelez un agent. Cette amende vous coûtera au minimum 700 Kč.

Il est donc plus sage de stationner dans les parkings payants et surveillés comme à Karlovo náměstí, Národní. Il vous en coûtera de 10 à 30 Kč l'heure.

En arrivant en République tchèque, vous devrez acheter une vignette (800 Kč) au passage de la frontière. Avec ce papillon (en vente aussi dans les stations essence et à la poste) vous pourrez emprunter les autoroutes. La vitesse est limitée : 50 Km/h en ville, 90 Km/h en campagne, 130 Km/h sur autoroute et voies rapides.

Boire ou conduire, il faut vraiment choisir car en République tchèque, il est interdit au conducteur de consommer la moindre goutte d'alcool (soit 0,00g/l) et les alcotests sont fréquents, même en ville.

MÉTRO ET TRAMWAY

Trois lignes de Métro (« A » la verte, « B » la jaune et « C » la rouge) et de nombreux tramways circulent dans la ville et sa périphérie de 5h à minuit tous les jours. Les tickets (*jízdenky*) s'achètent aux distributeurs automatiques des stations de Métro, dans les kiosques, les bureaux de tabac ou les hôtels. On poinçonne son billet avant d'emprunter les escalators dans le métro ou bien à l'entrée dans le tram. Les tickets sont les mêmes pour le métro et le tram. Les trams de nuit circulent tous les jours de minuit à 5h et portent des numéros à deux chiffres commençant par un 5. Dans le métro, comme dans le tram, une bande sonore vous annonce l'arrêt et l'arrêt suivant ainsi que les correspondances dans le métro. Lors de votre séjour vous utiliserez fréquemment la ligne verte A du métro qui traverse la ville d'est en ouest et vous permet de gagner rapidement les quartiers du centre.

Les horaires et le trajet des trams sont affichés à chaque arrêt, la ponctualité des trams est d'ailleurs remarquable. Ne manquez pas la belle balade qu'offre le trajet du tram 22 qui vous mènera du centre de

Prague (Karlovo náměstí ou Národní třída) jusqu'au Château, en traversant la Vltava et en passant par Malostranské náměstí Malá Strana.

Funiculaire

Avec les mêmes tickets que le tram et le métro, vous pouvez emprunter le funiculaire qui vous mènera sur la colline de Petrín et au terminus, à Štefaníkova Hvězdárna (l'observatoire). De là-haut, la vue est superbe et dégagée, et vous pourrez faire une belle promenade entre la forêt et les vergers avant de redescendre en ville. Accès au funiculaire par la rue Újzed au n°36, dans Malá Strana.

Tarifs

Le billet coûte 12 Kč pour 30 minutes avec un changement et 8 Kč pour 15 minutes sans changement. Il existe un tarif réduit pour les moins de 15 ans (6 et 9 Kč). La validité des tickets est prolongée à 90 et 30 minutes de 20h à 5h en semaine et le samedi et le dimanche.

Vous pouvez également acheter un forfait : 70 Kč pour 24 heures, 180 Kč pour trois jours, 250 Kč pour 7 jours et 280 Kč pour 15 jours.

Vous vous procurerez des plans de la ville, de métro et de tram, et des forfaits de transport dans les bureaux d'information et de vente de billets aux stations Muzeum (lun.-sam. 7h-21h, ☎ 22 64 01 03) et Můstek (sous la place Jungmannovo, lun.-sam. 7h-21h, ☎ 22 64 63 50). On y parle anglais, allemand et quelquefois français.

Barque

Autre possibilité plus tranquille mais bien plus sportive, louer une barque ou un pédalo. Les locations se font sur *Slovanský Ostrov Žofín* (l'île slave) pour une ou plusieurs heures. Accès par Masarykovo nabřeží, devant le Palais Žofín.

Bateaux

Par une belle journée, si vous avez déjà beaucoup marché, il est très agréable et reposant de faire une promenade au fil de la Vltava. Pour une balade d'une heure (environ 150 Kč, un verre est offert à bord), voyez sur le quai *Na Františku* près du pont *Čerchův most*. Préférez les petites embarcations aux gros bateaux remplis de touristes.

Si vous préférez une croisière plus longue en dehors de Prague, et si les conditions le permettent (il n'y a pas toujours assez d'eau !), renseignez-vous à l'embarcadère Rašínovo nábřeží., Prague 2 (sous le pont *Palackého most*, métro Karlovo náměstí). De là vous pourrez embarquer pour une excursion vers le château de Trója (1h) ou le barrage de Slapy (4h).

Location de voiture

Si après un week-end à Prague vous êtes tentés de poursuivre la découverte du pays, le plus pratique est de partir en voiture. Sur présentation de vos permis de conduire et passeport, vous pouvez louer une *Škoda Favorite* ou *Felicia* pour 700 Kč environ par jour.

A. Vecar
Svatovítska 7, Prague 6
☎ 243 143 61
M° Dejvická.

Hertz
Karlovo náměstí 28, Prague 1
☎ 222 310 10
M° Karlovo náměstí.

Rent A Car
Washingtonova 9, Prague 1
☎ 24 21 15 87
M° Muzeum.

Comment téléphoner ?

De nombreuses cabines téléphoniques sont installées partout en ville et dans le métro. Il est préférable d'utiliser les cabines à cartes

plutôt que celles à pièces qui fonctionnent rarement.
Les cartes sont en vente dans les kiosques à journaux (Václavské náměstí), chez les buralistes (*trafika*), à la caisse des épiceries ou à la poste. Comptez 150 Kč les 50 unités et 300 Kč les 100 unités.

De l'étranger pour joindre Prague, composez le 00 420 2. En République tchèque pour joindre Prague, composez le 2. À Prague, composez seulement le numéro sans l'indicatif 2.

Pour la France, composez le 00 33 puis le numéro de votre région sans le 0.

Attention, les téléphones pragois passent au digital et de nombreux numéros changent.

Renseignements téléphoniques : 120 pour Prague, 121 pour la province.

VOTRE COURRIER

Vous pouvez acheter des timbres (*poštovní známka*) en même temps que vos cartes postales ou à la poste : 7 Kč une carte postale pour la France, 9 Kč une lettre. La poste principale (*Hlavní pošta*) est située juste à côté de Václavské náměstí (Jindřišská 14, Prague 1)
☎ 21 13 11 11, de 7h à 20h).
Vous pouvez également y envoyer et recevoir des fax (soyez en possession de votre passeport) à ce numéro : (00 420 2) 23 20 837. Juste à l'angle derrière, les guichets de Politčkých věžnů 4 sont ouverts 24h/24h. Il existe une autre poste dans la Vieille Ville, à côté du métro Staroměstská (Kaprova 12, Prague 1).

OÙ CHANGER DE L'ARGENT ?

Il est bien évidemment hors de question de changer de l'argent au noir dans la rue. Vous risquez de vous faire arnaquer et de ne pas revoir votre argent. Vous pouvez très simplement aller dans les banques ou dans des bureaux de change ouverts plus tard. Par ailleurs, de nombreux guichets automatiques en ville acceptent les CB (Visa, American Express, Eurocard, Mastercard...) et vous permettront de retirer de

ADRESSES UTILES

Ambassade de France
Velkopřerovské náměstí, 2
☎ 57 53 27 54
Consulat de France
Nosticova, 10
☎ 57 53 12 21
Institut français de Prague
Štěpánská, 35
☎ 222 30 57
Policie (police secours) 157
Ztráty a nálezy
(objets trouvés)
Karolíny Světlé, 5
☎ 24 23 50 85

l'argent quand vous voudrez.

American Express
Václavské náměstí, 56
☎ 22 80 02 35
Lun.-ven. 9h-18h,
sam. 9h-12h.

Komerční banka
Na příkopě, 33
☎ 22 43 21 11
Lun.-ven. 8h-11h et 13h-18h.

Obchodní banka
Na příkopě, 14
Lun.-ven. 7h30-12h et
13h-15h30.

Obchodně Finanční Společnost
Václavské náměstí, 17
T. l. j. 8h-00h.

Živnostenská Banka
Na příkopě, 20
☎ 24 12 11 11
Lun.-ven. 8h-21h,
sam. 13h-17h.

À l'aéroport, le guichet de la Československá Obchodní banka est ouvert 24h sur 24.

OFFICES DE TOURISME

Pražská Informační Služba (P. I. S.)
Na příkopě, 24
☎ 26 40 20
Lun.-ven. 9h-18h,
sam-dim. 9h-15h

Une étape utile pour obtenir des informations, des cartes et des plans de la ville ainsi que les programmes des manifestations culturelles.

Čedok
Na příkopě, 18
Lun.-ven. 9h-19h,
sam. 10h-15h
☎ 24 19 73 19
Informations générales, horaires de trains et bus et vente de billets

internationaux (CB acceptées).

Informations touristiques par téléphone en anglais et en allemand
☎ 54 44 44 44 / 45 / 46 / 47

HORAIRES D'OUVERTURE

Les musées et les galeries sont ouverts de 9h ou 10h jusque vers 17h ou 18h, tous les jours sauf le lundi. Le prix d'une entrée est environ 40 Kč.

Les églises pratiquent souvent les mêmes horaires que les musées, mais parfois pour cause de restauration, vous les trouverez fermées. Certaines églises sont payantes.

Dans le quartier juif, les synagogues et les commerces sont fermés le samedi.
Le billet d'entrée pour le cimetière et les synagogues est très élevé pour les touristes : 400 Kč !
Les étudiants bénéficient de réduction sur présentation de leur carte.

CARTE MATILDA

Très pratique, cette carte vous ouvre l'accès aux monuments de Prague et aux transports en commun pendant trois jours :
560 Kč pour adultes,
460 Kč pour enfants.
En vente au Čedok, dans les agences de voyages de la compagnie aérienne tchèque CSA ou à l'agence American Express (Václavské náměstí 56).

AGENCE

Velvet voyages
Dobrovského, 10
☎ 333 733 76
📠 333 75 297
E-mail :
velvetvoyages@mbox.vol.cz

Du travail sur mesure dans cette agence, que vous soyez seul ou en groupe. Demandez-leur ce que vous voudrez, depuis l'accueil à l'aéroport jusqu'à la visite guidée.
Ils peuvent également se charger de la réservation de votre hôtel comme de l'achat de vos places de concert. Ils se plieront en quatre et en français pour vous simplifier votre week-end.

Les hauts de Hradčany

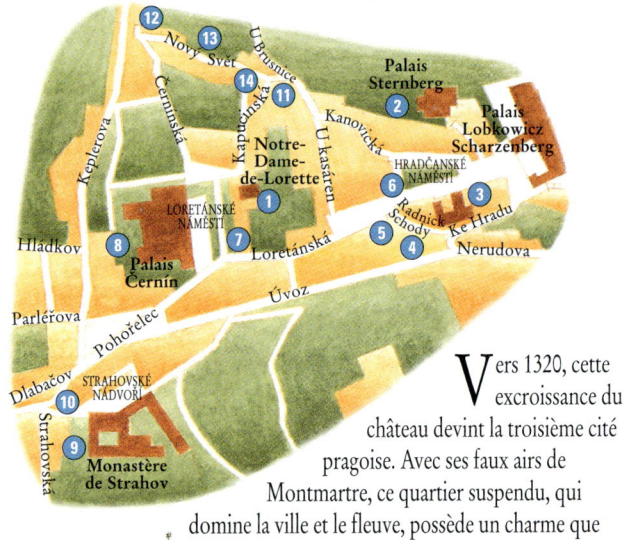

Vers 1320, cette excroissance du château devint la troisième cité pragoise. Avec ses faux airs de Montmartre, ce quartier suspendu, qui domine la ville et le fleuve, possède un charme que les hordes de touristes, que les cars déversent, ne parviennent pas à altérer. Il faut aller à la tombée du jour dans les jardins du couvent de Strahov, lorsque Prague s'illumine des derniers feux du soleil couchant.

❶ Notre-Dame-de-Lorette ★★★
Loretánské nám., 7
Mar. dim. 9h-12h15 et 13h-16h30.
Entrée payante.

Comme un écho au célèbre sanctuaire italien de Loreto, ce haut lieu de dévotion baroque finement ciselé par Kryštof Dientzenhofer (1720-1723) célèbre dignement la Vierge Marie. En témoigne, au premier étage du cloître, la fabuleuse salle du Trésor où le « soleil de Prague », un ostensoir en diamant (1699) pieusement légué par la comtesse Ludmila de Kolovrat brille de ses 6 222 feux !

❷ Le palais Šternberg ★★
Hradčanské nám., 15
☎ 20 51 46 34.
Mar.-dim. 10h-18h.
Entrée payante.

Don du comte Šternberg à l'Amicale patriotique des arts en Bohême, qu'il fonda en 1796, ce palais baroque (1697-1703) présente une très belle sélection des écoles italienne, flamande et allemande des XVe au XVIIIe s. Allez voir en priorité la magistrale *Fête du rosaire* de Dürer (1506) que Rodolphe II n'hésita pas à faire venir de Venise à dos d'homme !

❸ Le palais Lobkowicz-Schwarzenberg★
Hradčanské nám., 2
Mar.-dim. 10h-18h.

La profusion guerrière des collections du musée militaire est à l'image monumentale de l'édifice qui les héberge. Si vous n'êtes pas d'humeur martiale, contentez-vous d'observer ce pastiche superbe de la Renaissance italienne (1555-1576) ; sa façade à sgraffites et sa large corniche appuyée sur des arcs ne dépareraient pas un palais florentin.

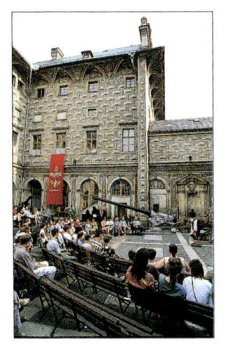

❹ U Zavěšenýho Kafe★
Radnické Schody
T. l. j. 11h-24h.

Coup double pour Jakub Krejí qui expose ses œuvres dans ce minuscule « café suspendu », où l'on sirote de grands bocks de bière sur des tables en bois, façon chalet montagnard. Les plus courageux ne manqueront pas d'essayer le *pivní sýr* (littéralement, « fromage à bière ») ou le *nakládaný hermelín* (une sorte de camembert « macéré »), deux décapantes spécialités maison !

❺ Navavila design★
Radnické Schody, 9
☎ 20 51 38 68.
T. l. j. 10h-18h.

Dans ce quasi-désert qu'est la mode tchèque, la boutique de Martina Nevařilová surgit telle une oasis, aussi fraîche qu'accueillante. Des pulls et des robes en laine avec cette touche exotique « je ne sais quoi », venue d'Europe centrale et surtout une adorable collection de chapeaux et gants de laine qui, en prime, sont tous des modèles originaux !

❻ Hradčanské náměstí★★

La position de cette place qui s'avance vers l'entrée du château en a fait l'un des lieux les plus prestigieux, prisés par la noblesse. Les Lobkowicz, Schwarzenberg, Thun-Hohenstein, Martinic ou Sternberg, bref tout le gotha tchèque y rivalisait de magnificence, comme en témoignent les palais qui portent encore leurs noms. Alfons Mucha (voir p. 14) vécut dans la maison baroque au n°6, où Forman tourna une partie d'*Amadeus*.

❼ U Lorety★★
Loretánské nám., 8
☎ 20 51 73 69.
T. l. j. 11h-23h.

Terrasse avec vue combinée sur Notre-Dame-de-Lorette et Hradčany, canard aux *choux-knedlíky* et vin morave… Malgré sa position stratégique, ce restaurant « ancien régime » où l'on mange les grands classiques de la cuisine tchèque n'a pas encore subi le remaquillage de rigueur. Ce serait dommage de ne pas en profiter !

❽ Le Palais Černín★★
Loretánské nám.
Fermé au public.

Après s'être adressé au Bernin, le comte Černín sollicita Francesco Caratti qui réalisa ces 150 m de façade taillée en pointes de diamant et achevée près de trois siècles après sa mise en chantier (1669-1936). C'est de l'une des fenêtres de ce qui est encore le ministère des Affaires étrangères que Jan Mazaryk, fils de Tomaš, premier président tchécoslovaque, se « suicida » le 10 mars 1948, quelques jours après la prise de pouvoir communiste.

❾ Peklo★
(L'Enfer)
Strahovské nádvoří
☎ 20 51 66 52.
T. l. j. 18h-2h.

Les chemins de l'enfer étant pavés de bonnes intentions, poussez sans remords la porte de ce restaurant qui vaut plus par sa situation dans les anciennes caves à vin du couvent de Strahov que par sa cuisine italo-tchèque. Ce sont bien sûr les moines qui surnommèrent ainsi ce lieu de perdition propice à toutes les tentations.

❿ Le monastère de Strahov★★★
Strahovské nádvoří, 1
T. l. j. 9h-17h.
Entrée payante.

C'est sur cette colline aux confins de Prague que l'ordre français des prémontrés s'installa, en 1140, et demeura, hormis un « déménagement » forcé pendant la période communiste. Visitez en priorité les deux impressionnantes bibliothèques : la salle théologique (1679) couverte de stucs et de fresques et la salle philosophique (1782) ainsi nommée en hommage au « Siècle des lumières ».

⓫ U Zlaté hrušky (À la poire d'or)★★
Nový Svět, 3
☎ 20 51 47 78.
T. l. j. 11h30-15h et 18h30-24h.

« Cuisse de chevreuil au vin rouge » ou « canard au miel et aux amandes » sont au menu de ce restaurant de gibier, installé dans une petite maison du XVIe s. où l'on mange dans un jardin en été. De quoi vous réconcilier définitivement avec la gastronomie tchèque ! Seule ombre au tableau : une désagréable survivance de l'ancien régime veut que les étrangers payent 50 % plus cher. Attention, la qualité de la cuisine semble baisser depuis quelque temps, et le service est des plus expéditifs. À vous de voir…

LES HAUTS DE HRADČANY ❶ 37

⓬ La pension U Raka★★
Černínská, 10
☎ 20 51 11 00
📠 20 51 05 11

La campagne en pleine ville ! Cette étonnante bâtisse en bois de la fin du XVIIIe s., non contente d'être un site classé, propose 6 jolies chambres d'hôtes. Alexander Paul ayant rejoint depuis peu la luxueuse chaîne allemande des « Romantik Hotels », les prix s'en ressentent, mais l'on vous accueillera avec le sourire dans la cuisine familiale pour un thé ou un verre de vin morave.

⓭ La rue Nový Svět★
C'est pour montrer qu'ils n'avaient pas honte de leur pauvreté que les ouvriers du château donnèrent aux masures qu'ils bâtirent, dès le milieu du XIVe s., des enseignes en forme de poire, buisson, pied ou raisin dorés. Aujourd'hui, les Pragois restaurent peu à peu ces maisonnettes au crépi délavé. Et paradoxalement, le charme tout provincial de cette ruelle silencieuse et pavée se monnaye désormais à prix d'or.

⓮ Galerie Nový Svět★★
Nový Svět, 5
☎ 20 51 46 11.
T. l. j. 10h-18h.

C'est en fêtant les 300 ans de cette maison baroque restaurée par ses soins que Jana Reichová a ouvert, en 1994, l'une des galeries les plus dynamiques du moment. Au sous-sol, dans l'ancienne cave à charbons, sont exposés les meilleurs artistes contemporains. Mais c'est au rez-de-chaussée, sous une fresque de Saint-Jean-Népomucène, patron de Hradčany, que vous trouverez des photos de Josef Sudek, des pièces en verre de Šípek, des dessins et gravures de Theimer, Sopko ou Sládek, sans oublier de beaux livres d'art et une petite sélection judicieuse de copies de verres anciens, le tout de 100 à 200 000 Kč !

Josefov, les mystères de l'ancien ghetto

- **1** Vieux Cimetière juif
- **2** Musée juif
- **3** Hôtel de ville juif
- **4**
- **5**
- **6**
- **7** Couvent Sainte-Agnès

Appelé Josefov, du nom de l'empereur Joseph II qui atténua, à la fin du XVIIIe s., les discriminations raciales et religieuses envers les juifs, ce quartier insalubre fut presque entièrement rasé en 1893. Seules quelques étroites ruelles tortueuses font survivre les sortilèges de l'ancien ghetto. Vous y sentirez l'éternelle présence du Golem dont le fantôme, dit-on, rôde encore à la tombée de la nuit…

❶ Le vieux cimetière juif★★★
U starého hřbitova, 3
☎ 23 17 191/23 10 302.
T. l. j. sauf sam. 9h-17h (nov.-mars 16h30).
Entrée payante comprenant l'accès au Musée juif.

Sous les croassements des corbeaux, 12 000 stèles s'enchevêtrent dans cet enclos étroit pour composer un hallucinant tableau spectral. La tombe la plus vieille date de 1439, la plus récente, de 1787. La plus visitée est celle du rabbin Löw. Les visiteurs y déposent cailloux et petits billets sur lesquels ils ont inscrits leurs vœux.

❷ Le Musée juif★★
Jáchymova, 3
☎ 24 81 00 99.
T. l. j. sauf sam. 9h-18h (nov.-mars 16h30).
Entrée payante.

Des six synagogues pragoises, seule la Vieille-Nouvelle (1270) est encore un lieu de culte actif. Les autres abritent les diverses sections du Musée juif, dont l'exceptionnelle richesse s'explique paradoxalement par le projet des nazis d'y créer le musée du peuple qu'ils voulaient anéantir. Sur les murs de la synagogue Pinkas figurent les noms des 77 297 victimes tchèques du nazisme ; quant à l'ancienne salle des cérémonies, elle expose des dessins d'enfants déportés au camp de Terezín.

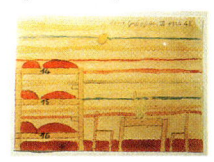

❸ L'hôtel de ville juif★
Maiselova, 18
☎ 24 81 11 21.
Fermé au public.

Dans *Zone*, Guillaume Apollinaire évoque son horloge dont les aiguilles tournent à l'envers, c'est-à-dire de droite à gauche, comme on lit l'hébreu. Ce bâtiment rococo, siège de la communauté juive de la République tchèque, abrite, au rez-de-chaussée, la cantine Shalom (t.l.j. sauf sam. 11h30-14h) qui sert aux habitués et aux touristes le même menu casher.

❹ Pařížská★★
Cette vaste artère, où se succèdent d'élégantes façades néo-baroques, néo-gothiques ou Sécession, fut percée sur le modèle haussmannien. D'où son nom de « rue de Paris ». Aujourd'hui, les enseignes toute neuves de Christian Dior, Hermès ou du Club méditerranée en font une version slave de l'avenue Montaigne !

❺ Alma★
Valentinská, 7
☎ 23 25 865.
T. l. j. 10h-18h.

La nostalgie est au rendez-vous dans ce féminissime « café-antiquaire » tenu par une descendante authentique d'Alma Malher. Si la très piquante goulache-maison ne vous tente pas, rabattez-vous sur un thé-strudel, avant de dénicher la lampe Art nouveau ou le bijoux Art déco rêvés.

❼ Le couvent Sainte-Agnès★
U milosrdných, 17
☎ 24 81 06 28.
T. l. j. 10h-18h.

Fondé en 1234 par la sœur du roi Venceslas, il devint l'un des principaux centres religieux de Bohême. Étonnante coincidence, sainte Agnès a été béatifiée quelques semaines

❻ Le café colonial★
Široká, 6
☎ 24 81 83 22.
T. l. j. 10h-00h (dim. 17h).

Vous frôlez l'overdose de choux et de saucisses ? La belge Marie Borenstein et la française Marlène Salomon ont pensé à vous en ouvrant, en 1997, ce café dont la déco lumineuse tranche agréablement sur la sempiternelle hospoda enfumée. La clientèle d'expatriés et d'artistes apprécie les salades et petits plats mitonnés par un chef français.

avant la révolution de novembre 1989. Peintures et sculptures tchèques du XIXe s. sont présentées dans cet équivalent pragois du musée d'Orsay. L'occasion de découvrir une école aussi peu connue que digne d'intérêt.

Karlovo náměstí

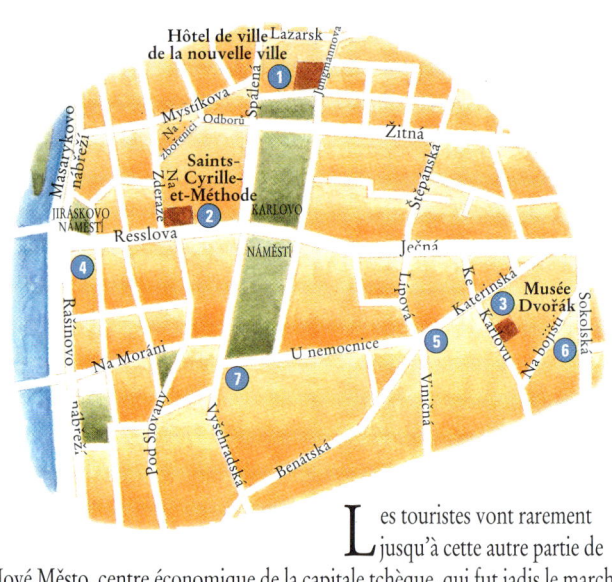

Les touristes vont rarement jusqu'à cette autre partie de Nové Město, centre économique de la capitale tchèque, qui fut jadis le marché au bétail. Les riverains promènent leurs chiens sur la place Charles, les trams, lancés à grande vitesse, sillonnent ses grandes artères pleines de vie. Tout semble limpide, mais sous ce visage serein se cache le quartier où Faust s'adonna à la magie noire avant de vendre son âme au diable…

❶ L'hôtel de ville de la Nouvelle Ville★
Karlovo nám., 23
Fermé au public.

Sur la plus grande place de Prague, sa superbe salle gothique abrite expositions prestigieuses et mariages huppés. C'est ici qu'eut lieu, en 1419, un épisode connu sous le nom de « première défenestration de Prague ». Au cours de cette révolte hussite qui fut aussi la plus sauvage, les échevins furent jetés par la fenêtre et achevés à coups d'épieux.

❷ L'église Saints-Cyrille-et-Méthode★
Resslova, 9
Lun.-sam. 9h-11h.

Ce monument baroque cédé, en 1935, à l'Église orthodoxe, porte le nom des deux saints venus christianiser les Slaves, au IXe s. En juin 1942, des parachutistes tchécoslovaques s'y cachèrent après avoir assassiné le représentant nazi en Bohême-Moravie, Reinhard Heydrich. Dans la crypte, on voit encore les impacts des balles qui les abattirent.

❸ Le Musée Dvořák★★
Ke Karlovu, 20
Mar.-dim. 10h-17h.

Le piano, le bureau et l'alto d'Antonin, mais aussi des

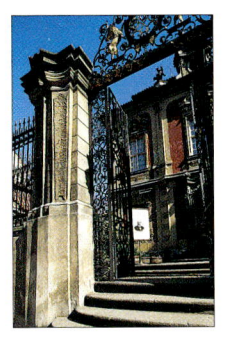

KARLOVO NÁMĚSTÍ ❸ 41

reliques plus inattendues comme un mouchoir, des manchettes, un chapeau ou un étui à médicaments ! Ce délicieux pavillon baroque, blotti au fond d'un jardin, était au XVIIIe s. la résidence secondaire d'une riche famille de Bohême. Son surnom de « Villa Amerika » lui vient tout simplement d'un café du quartier, mais convient à merveille à l'auteur de la *Symphonie du Nouveau monde*.

❹ La maison qui danse★★
Rašínovo nábř., 80
☎ 21 98 41 60.
Lun. 19h-22h30 ; mar.-sam. 12h-14h et 19h-22h30.

Surnommée « Ginger et Fred » par les Pragois en raison de sa forme torsadée évoquant la silhouette dansante d'un couple enlacé, cette construction de verre, dessinée par le Canadien Frank Gehry et le Tchèque d'origine yougoslave Vlado Milunic, abrite le restaurant français le plus couru de la ville, *La Perle de Prague*.
Avant de déménager pour une villa plus discrète de Prague 6, Václav Havel a longtemps vécu dans l'immeuble attenant.

❺ Le bazar Sainte-Catherine★
Kateřinská, 14
☎ 24 91 01 23.
Lun.-ven. 10h-18h.

Plus qu'un simple bric-à-brac, une invitation au voyage dans le temps ! Jiří Pechar entasse amoureusement oiseaux empaillés, assiettes et verres désassortis, mannequins en bois, outils et autres ustensiles de cuisine, dans cet improbable capharnaüm digne d'un inventaire à la Prévert. Une fois n'est pas coutume, on vous laisse tranquillement farfouiller et marchander.

❼ La Maison Faust★
Karlovo nám., 40-41
Fermé au public.

Une aura de mystère plane sur cette maison baroque où l'on prétend que le diable aurait enlevé le docteur Faust. Elle abrita ensuite l'aventurier anglais Edward Kelley, jeté en prison par Rodolphe II, grand ami des mages et des nécromanciens, parce qu'il tardait à livrer le secret de la pierre philosophale.
« Alchimie » oblige, c'est désormais une pharmacie qui a élu domicile au rez-de-chaussée.

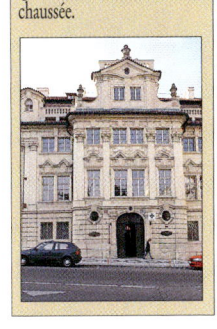

❻ U Kalicha★
Na Bojišti, 12-14
☎ 29 19 45.
T. l. j. 11h-22h.

Bière au litre et flonflons assourdissants, dans une ambiance qui n'a rien à envier à celle de l'*Oktober Fest* munichoise. La décoration de cette *hospoda* typique est dédiée au brave soldat Švejk, héros du roman de Jaroslav Hašek, qui y donna rendez-vous à un ami « à six heures après la guerre ». Les frères Töpfer ne sont pas peu fiers d'exhiber la photo historique de Jacques Chirac buvant une *Pilsen* avec Václav Havel.

Le château, une ville dans la ville

Carte :
- Mariánské hradby
- Jardins royaux (10)
- Belvédère (11)
- Chotkova
- Tour Daliborka (7)
- Na Opyši
- U Prašného mostu (12)
- Cathédrale Saint-Guy (1)
- Basilique et Couvent Saint-Georges (4)
- Zlatá ulička (5)
- U Daliborky
- Jiřská
- Staré zámecké schody
- Musée des Jouets (8)
- Vikářská
- NÁMĚSTÍ U SV. JIŘÍ
- (6)
- Palais royal (2)
- Salle espagnole (3)
- Jardins du Sud (9)
- Zámecké schody

Que l'on ait lu Kafka dans le texte ou pas, on se doit de visiter le château, demeure séculaire des rois de Bohême, puis des présidents de la République jusqu'à ce que Václav Havel lui préfère un logement moins princier. À la grille d'entrée de cette véritable ville dans la ville, où s'enchaînent cours, portes et ruelles, les soldats de la garde paradent fièrement, au son des trompettes, tous les jours à midi. Observez attentivement leurs uniformes bleus à boutons dorés, ils ont été dessinés par Teodor Pištěk, le costumier de Miloš Forman !

❶ La cathédrale Saint-Guy★★★
2e cour

Commencée en 1344 par l'architecte français Matthieu d'Arras, la construction de ce puissant vaisseau de pierre gothique ne fut achevée qu'en... 1929 ! Dans le chœur, le très rococo sarcophage « pièce montée » de saint Jean Népomucène nécessita deux tonnes d'argent pour sa réalisation au XVIIe s.

Les magnifiques vitraux Art nouveau représentant Cyrille et Méthode, sont signés Alfons Mucha. Un détour s'impose enfin par la chapelle

LE CHÂTEAU, UNE VILLE DANS LA VILLE ❹ 43

Saint-Venceslas, où les murs sont décorés d'une multitude de jaspes, d'améthystes et d'agates de Bohême.

❷ Le palais royal★★★
3e cour

Fondée au XIe s., la partie la plus ancienne du château fut occupée par les rois tchèques jusqu'à ce que les Habsbourg établissent leur résidence à Vienne, au XVIIe s. On reste bouche bée devant les proportions de la monumentale salle Vladislav ou salle des tournois à laquelle les cavaliers accédaient sans quitter leurs montures. C'est dans ce joyau gothique dessiné par Benedikt Ried (1493-1502) que Václav Havel fut intronisé président de la République, en 1989.

❸ La salle espagnole★★
2e cour
Fermé au public.

Les réunions du Comité central du parti communiste se tinrent longtemps sous les stucs dorés de cette salle, désormais dévolue aux réceptions les plus prestigieuses. Pour un prix aussi secret qu'exorbitant, chacun peut s'offrir, le temps d'une soirée, le cadre le plus recherché de Prague dont le système d'éclairage très sophistiqué fut offert au président Havel par les Rolling Stones lors de leur concert de 1995. Pour tout renseignement supplémentaire, s'adresser à l'administration du château…

❹ La basilique et le couvent Saint-Georges★★
Jiřské nám., 33

Sous sa façade baroque, se cache la basilique romane (1142) la mieux conservée du pays, où reposent les Prémyslides, premiers souverains de Bohême. Le couvent du même nom abrite une collection très complète d'art tchèque, des portraits du maître Théodorik (XIVe s.) aux œuvres baroques de Karel Škréta, Petr Brandl ou Matyáš Braun.

CHATEAUBRIAND À PRAGUE

« Prague, 24 mai 1883, Je gravis des rues silencieuses, sombres, sans réverbères, jusqu'au pied de la haute colline que couronne l'immense château des rois de Bohême. L'édifice dressait sa masse noire sur le ciel ; aucune lumière ne sortait de ses fenêtres : il y avait là quelque chose de la solitude, du site et de la grandeur du Vatican, ou du temple de Jérusalem vue de la vallée de Josaphat. On n'entendait que le retentissement de mes pas et de ceux de mon guide ; j'étais obligé de m'arrêter par intervalles sur les plates-formes des pavés échelonnés, tant la pente était rapide. À mesure que je montais, je découvrais la ville au-dessous. »
Chateaubriand, *Mémoires d'outre-tombe* (1848-1850).

❺ Les boutiques de la ruelle d'or★★★
(Zlatá Ulička)

On prétend que Rodolphe II logea ses alchimistes dans ces maisons de poupée multicolores, construites dans les fortifications gothiques. Aujourd'hui, les commerçants installés dans ces minuscules échoppes font de l'or avec des souvenirs en tout genre. L'affluence dépasse tous les records au n° 22, où Kafka vécut de 1916 à 1917.

❻ Vikárka★
Vikářská, 6
☎ 57 32 06 04.

« Beefsteak du burgrave », « tournedos de Charles IV »... autant de plats de circonstance pour une halte quasi royale, dans cette taverne installée dans l'enceinte du château depuis le XVIe s. Avec un peu de chance, vous y rencontrerez peut-être Václav Havel qui aime à y faire de temps en temps sa « pause-déjeuner ».

❼ La tour Daliborka★

Utilisée comme prison jusqu'en 1781, elle porte le nom de son premier pensionnaire, Dalibor de Kozojedy, immortalisé par Bedřich Smetana dans son opéra *Dalibor*. Attendri par ses talents de violoniste, le peuple de Prague avait demandé sa libération, mais le prisonnier n'échappa pas à son funeste sort. Il fut décapité en 1498.

❽ Le musée des jouets★★
Jiřská, 6
☎ 33 37 22 94.

De retour de son exil allemand et après avoir créé le musée du jouet de Munich, Ivan Šteiger a récidivé dans ces sept salles féeriques. Chemins de fer miniatures, jouets en fer-blanc, vieux ours en peluche, salons et cuisines de poupées, sans oublier quelques centaines de Barbies y racontent 150 ans de l'histoire du jouet.

❾ Les jardins du Sud★
Jižní zahrady
Avr.-oct. t. l. j. 10h-18h.
Entrée libre.

Dans un souci tout démocratique, le président Havel a fait réouvrir, en 1990, ces charmants petits jardins, aménagés sur les remparts, qui offrent une vue inédite sur le vieux palais royal et les toits de Malá Strana. Deux obélisques indiquent l'endroit exact où les représentants impériaux atterrirent, sains et saufs, malgré une chute de 15 m lors de la défenestration de 1618, prélude à la guerre de Trente ans.

❿ Les jardins royaux★★
Královská zahrada
Avr.-oct. t. l. j. 10h-18h.
Entrée libre.

À ne pas confondre avec les précédents, ils furent dessinés selon les canons de la Renaissance pour Ferdinand Ier. Les tulipes qui y fleurissent au printemps sont un lointain souvenir de celles que l'empereur fit ramener de Turquie

LE CHÂTEAU, UNE VILLE DANS LA VILLE ❹ 45

par ses ambassadeurs. C'est lui qui en fit pousser pour la première fois en Europe, malgré les rudes hivers de Bohême !

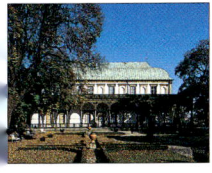

⓫ Le belvédère★★
Královská zahrada

C'est l'amour qui fit faire cette « folie » à Ferdinand Ier. Rien de plus aisé que d'imaginer les fêtes et bals donnés en l'honneur de sa femme, la reine Anne, dans cette sensuelle résidence d'été d'inspiration toscane, construite par l'architecte italien Paolo Della Stella. Comble du raffinement, ce bijou Renaissance fut complété par une fontaine en bronze qui chante de concert avec les oiseaux.

⓬ Restaurant Arcimboldo★
U Prašného mostu, 6
☎ 24 31 01 71.
T. l. j. 12h-24h.

Sous le signe d'Arcimboldo qui peignit avec gourmandise pour l'empereur Rodolphe II, le restaurant nouvellement réaménagé dans l'entrée nord du château cuisine le gibier sous toutes ses formes, d'après les recettes originales d'un livre de cuisine du XVIIe s. Pour une halte plus simple et plus rapide, optez pour le *Café cattedrala* contigu, dont la terrasse surplombe les jardins royaux ainsi que la cathédrale Saint-Guy comme son nom l'indique.

LE CHÂTEAU, MODE D'EMPLOI

L'aire du château est ouverte t. l. j. de 5h à 24h (6h-23h nov.-mars) ; les bâtiments sont ouverts t. l. j. de 9h à 17h (9h-16h, nov.-mars). Une carte d'entrée valable 3 jours permettant la visite de tous les bâtiments accessibles est en vente dans le centre d'information (chapelle Sainte-Croix, 2e cour, ☎ 24 37 33 68 ou 24 31 08 96) ou dans chacun des monuments.

Sous le pont Charles coule la Vltava

Tous les chemins mènent au pont Charles, image d'Épinal de la ville où caricaturistes et marchands de « souvenirs » ambulants, dépassant tous les records de mauvais goût, tentent d'appâter le flot ininterrompu des visiteurs. Quant aux Tchèques, privés de mer, c'est ici que, depuis toujours, ils viennent rêver à d'autres horizons devant le ballet des mouettes au ras des flots argentés, coupés de barrages bouillonnants.

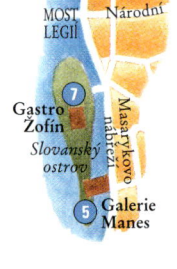

❶ Le pont Charles★★★

Reliant Malá Strana à la Vieille Ville depuis le XIVe s., seul pont jusqu'au XIXe s., le pont Charles accueille la densité de population la plus élevée de Prague. Pas de panique puisque, selon la légende, les maçons ont mélangé des jaunes d'œuf au mortier pour qu'il soit plus solide ! Si vous voulez laisser opérer la magie du lieu et passer en revue la double haie d'honneur de ses 30 statues de saints, réunis en conclave sur la Vltava, revenez (très) tôt le matin ou (très) tard le soir !

❷ Le Rudolfinum★
Nám. Jana Palacha, 1
☎ 24 89 32 05.

Magistral exemple d'architecture néo-Renaissance, ce bâtiment qui porte le nom de l'archiduc d'Autriche, Rodolphe de Habsbourg, est le siège de l'Orchestre philharmonique tchèque. C'est dans sa prestigieuse salle Dvořák que sont donnés certains des plus grands concerts du festival du Printemps de Prague.

SOUS LE PONT CHARLES COULE LA VLTAVA ❺ 47

❸ Le musée des Arts décoratifs★
17 Listopadu, 2
☎ 510 931 11.
Mar.-dim. 10h-18h.
Entrée payante.

Une collection unique de mobilier, tapisseries, horloges et cristal, de la Renaissance au style Biedermeier… Bref, la quintessence du génie artistique de la Bohême. Des explications détaillées en français sont fournies dans chaque salle. Son sympathique café est le rendez-vous préféré des étudiants des Arts déco.

❹ Le musée Smetana★
Novotného lávka, 1
☎ 242 290 75
Ouv. t. l. j. sf mar. 10h-17h.

Quel meilleur endroit pour abriter un musée consacré à l'auteur de *La Vltava* que ce bâtiment néo-Renaissance, bâti au bord du fleuve pour le service des eaux pragois ? En musique, vous découvrirez le piano du maestro ainsi que divers objets évoquant le fondateur de la musique nationale tchèque, dont le poème symphonique *Ma Patrie* fait vibrer tout Tchèque normalement constitué.

❺ La galerie Mánes★
Masarykovo nábřeží, 1
T. l. j. 10h-18h sauf lun.

C'est dans cette bâtisse constructiviste, terminée en 1932, que furent présentées les premières œuvres d'art moderne à Prague. Si les expositions montées dans la galerie sont de qualité inégale, le café, avec sa terrasse au premier étage, offre une vue exceptionnelle sur la Vltava.

❻ Národní Banka vín★★
Platnéřská, 4
☎ 21 10 82 44
T. l. j. 10h-19h ;
sam.-dim. 13h-18h.

Installée dans les caves de l'église Saint-François-Séraphin, cette

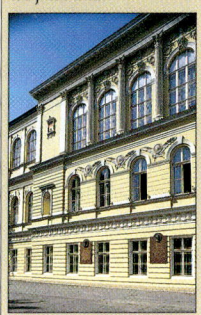

❼ Gastro Zofín★
Žofín, 226
☎ 900 00 663.
T. l. j. 11h-24h.

Ambiance Sissi impératrice ! Dans ce monumental édifice jaune citron trônant sur la minuscule « île slave » (aussi nommée « île Žofín » d'après Sophie, mère de l'empereur François-Joseph) la grande bourgeoisie pragoise donnait, à la fin du XIXe s., ses bals les plus fastueux. En été, vous tomberez sous le charme du petit kiosque à musique et de la terrasse de ce restaurant où l'on sert une roborative cuisine tchèque. Et si vous vous sentez l'âme romantique, louez une barque pour une promenade inoubliable sur les flots argentés.

« Banque du vin » où certains connaisseurs font vieillir leurs meilleurs crus a été bénie par le nonce du pape en République tchèque ! Venez religieusement y choisir quelques bonnes bouteilles de vin morave. Adéla Andráková, œnologue formée en France, vous prodiguera volontiers ses conseils.

Malá Strana,
un « petit côté » aristocratique

Fondé au XIIIe s. sur les collines de la rive gauche, le « Petit Côté » connut un essor spectaculaire lorsqu'après la bataille de la Montagne Blanche, les familles catholiques y élevèrent leurs somptueux palais. C'est la Prague aristocratique où l'on passe de palais merveilleux – souvent reconvertis en ambassades – en jardins secrets à travers ruelles et escaliers. Pour saisir l'atmosphère inimitable du quartier, faites une pause rue Nerudova où de nombreux petits cafés récemment ouverts vous laissent l'embarras du choix.

❶ Malostranské náměstí★★
Place du Petit Côté

Magnifique concentration de maisons bâties au Moyen Âge, mais revues et corrigées dans les styles Renaissance, puis baroque, la place principale du Petit Côté s'organise en deux parties autour de l'église Saint-Nicolas. Au centre, la colonne de la Peste rappelle l'épidémie qui décima la population pragoise, en 1713.

❷ L'église Saint-Nicolas★★★
Malostranské nám.
☎ 232 25 89.
T. l. j. 9h-17h.
Entrée payante.

Cette grandiose tempête de stucs et de dorures est l'exemple triomphant de la Contre-Réforme imposée à Prague par les Viennois. Commencé en 1703 par Kryštof Dientzenhofer, continué par son fils Kilián Ignác, ce chef-d'œuvre « familial » fut achevé, en 1755, par le gendre de ce dernier, Anselmo Lugaro. La meilleure façon d'observer en détail la démesure de son intérieur somptueux est d'assister à un concert, là où Mozart, de passage en ville, joua de l'orgue, en 1787.

❸ L'église Saint-Thomas★★
Letenská, 12
☎ 530 218.
Lun. et mer. 18h, dim. 10h, 11h30 et 18h.

Construite à l'emplacement d'un sanctuaire gothique détruit pendant les guerres hussites, cette belle composition est, elle aussi,

MALÁ STRANA, UN « PETIT CÔTÉ » ARISTOCRATIQUE

l'œuvre du génial Kilián Ignác Dientzenhofer, mais en solo cette fois. Les deux tableaux de Rubens qui ornent le maître-autel sont des copies, les originaux se trouvant à la Galerie nationale.

❹ Au Saint-Thomas★
Juste à côté de l'église.
☎ 530 218
T. l. j. 11h30-23h.

Une pause s'impose après ce double choc esthétique ? Faites-la dans cette brasserie où des moines augustins fabriquaient, dès 1352, une bière si savoureuse qu'ils devinrent les fournisseurs exclusifs du château de Prague. Aujourd'hui, la *Braník* y coule à flots dans trois superbes salles voûtées.

❺ La rue Nerudova★★
C'est parce que le poète Jan Neruda, auteur des *Contes de Malá Strana* (1878) vécut dans les maisons « Aux trois aigles noirs » (n°44) et « Aux deux soleils » (n°47) que l'axe principal de Malá Strana fut baptisé ainsi. Remarquez le palais Morzin (n°5, ambassade de Roumanie) avec ses Maures sculptés par Ferdinand Maxmilián Brokoff, qui guettent du coin de l'œil les deux aigles juchés par Matyáš Braun sur le palais Thun-Hohenstein (n°20, ambassade d'Italie).

❻ Le Jardin Ledebour★★
Valdštejnská 3.
T. l. j. de 10h à 19h30
Accès payant.

Descendez les escaliers et laissez-vous surprendre par une marée de toits aux tuiles rouges. Malá Strana laisse entrevoir ses cours cachées, ses façades dissimulées. À chaque étape du labyrinthe, des jardins en terrasses de styles renaissance italienne et baroque, de minuscules vergers vous invitent au repos. Dans un décor tout de rouge et ocre, passez près des sculptures, des fontaines, écoutez les bruits d'eau, installez-vous à côté des vignes, des rosiers, des plantes aquatiques et profitez du superbe panorama.

❼ Le palais et le jardin Wallenstein★★
Valdštejnské nám., 4
Manège mar.-dim. 9h-18h, jardin mai-sept. t.l.j. 9h-19h.

Il fallut démolir une bonne trentaine de maisons, trois églises et le four à briques municipal pour édifier cette demeure baroque (1624-1630) à la démesure de son mégalomane commanditaire ! Nommé généralissime des armées impériales par Ferdinand II de Habsbourg, Albrecht de Wallenstein se fit modestement peindre en dieu de la guerre au plafond de ce palais qui loge aujourd'hui le Sénat, tandis que son manège sert d'annexe à la Galerie nationale. Les divinités qui bordent son non moins divin jardin ne sont que des copies, l'envahisseur suédois ayant emporté les bronzes d'Adrian de Vries, en 1648.

❽ Palfy Palface★★
Valdštejnská, 14
☎ 57 32 05 70.
T. l. j. 11h-15h et 18h-23h.

Atmosphère, atmosphère… Le Tout-Prague branché dîne aux chandelles dans ce palais baroque qui abrite aussi le conservatoire de musique. L'inspiration « tchéco-californienne » du chef peut surprendre, mais c'est si beau qu'on lui pardonne quelques écarts culinaires !

❾ Maltézské nám.★★
(La place de Malte)

Comme pour un concours d'élégance, quelques ambassades sont rassemblées sur cette placette bordée de palais. Le plus joli ? À vous de départager : le baroque dit « primitif » du palais Nostic, propriété des Pays-Bas au n°1 ? Celui plus austère de l'Ordre de Malte au n°4 ? Ou le rococo du palais Turba occupé par le Japon au n°6 ?

❿ Le palais Buquoy★★
Velkopřevorské nám.
Fermé au public.

De l'avis général et sans chauvinisme aucun, la plus raffinée des ambassades de Prague n'est autre que… l'ambassade de France ou palais Buquoy (1738). De nombreuses scènes du film de Forman, *Amadeus*, furent tournées dans l'enfilade de salons de cette ancienne propriété de la famille Buquoy, originaire des Flandres.

⓫ Ego Dekor★
Maltézské nám., 12
☎ 99 53 621.
Lun.-ven. 11h-19h, sam. 11h-19h30, dim. 11h30-18h30.

Le travail artisanal du fer forgé et du verre soufflé très librement réinterprété par Jiří Šemečků donne naissance à de jolis bougeoirs, lustres, cadres et autres idées-cadeaux qui permettent d'échapper à l'inévitable vase en cristal. Pour les pièces plus importantes (guéridons, tables, lits), un service de livraison est assuré dans le monde entier.

MALÁ STRANA, UN « PETIT CÔTÉ » ARISTOCRATIQUE 6 51

⓬ U Vladaře★
Maltézské nám., 10
☎ 57 53 41 21.
T. l. j. 12h-1h.

À gauche, le restaurant, chic et toc, où l'on vous dirigera immanquablement. Résistez et foncez dans la taverne de droite où, sous les lampes de diligences d'un décor «équestre» qui fait la fierté de M. Vladaře, les habitués se régalent des plats réputés de la cuisine tchèque. Si vous voulez vous lancer dans une dégustation de *knedlíky* (voir p. 28) c'est le moment ou jamais !

⓭ Bar Bar★
Všehrdova, 17
☎ 53 29 41.
Lun.-dim. 12h-24h.

Quartier aristocratique oblige, ce restaurant installé dans une vieille cave voûtée aux murs jaunes, façon *bodega*, est tenu par l'authentique descendant d'une des plus grandes familles tchèques qui fut longtemps réceptionniste à l'hôtel Yalta avant la « révolution de velours ». Crêpes et salades géantes… Passez votre commande, le prince Antonín Kinský est là pour vous servir !

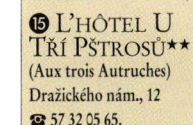

⓯ L'hôtel U Tří Pštrosů★★
(Aux trois Autruches)
Dražického nám., 12
☎ 57 32 05 65.
Restaurant t. l. j. 12h-15h et 18h-23h.

Les trois autruches sur le fronton furent peintes pour la première fois au XVIIe s. par maître Jan Fuchs, fournisseur en plumes d'autruche à la cour. Oubliez les chambres (bruyantes, minuscules et *très* chères !) leur seul atout étant leur plafond Renaissance à caissons en bois peint. Vous y verrez le même dans le merveilleux petit restaurant, où vous dégusterez une cuisine traditionnelle plus qu'honorable.

⓮ L'île de Kampa★★
Avec son côté « Venise de l'Est », cette île-jardin où grince encore la roue du moulin du Grand Prieuré fut habitée par de nombreux artistes, comme le compositeur Bohuslav Martinů, ou le poète Vítězslav Nezval. Prudence, l'étroit chenal qui la sépare de Malá Strana doit son nom de čertovka (rivière du Diable) aux esprits maléfiques qui sont censés la hanter !

Nové Město, la nouvelle ville

Ce quartier de la « Nouvelle Ville » fut fondé en 1348 par Charles IV parce que la « Vieille Ville » était devenue trop exiguë. Aujourd'hui, c'est ici, dans le « triangle d'or » formé par les avenues Národní, Na příkopě et la place Venceslas, que se sont installés commerces, cafés et casinos. Le jour, y règne l'activité la plus intense. La nuit, les décibels des boîtes de nuit jaillissent sur le trottoir. À toute heure et par tous les temps, les badauds s'arrêtent devant les petites baraques vitrées de la place Venceslas où d'accortes Ukrainiennes font grésiller les *párek*, ces saucisses accompagnées de moutarde aigre-douce et de pain bis...

❶ Václavské náměstí★★
(La place Venceslas)

Comme son nom ne l'indique pas, l'ancien marché aux chevaux médiéval est en fait un immense boulevard partiellement piétonnier, équivalent pragois des Champs-Elysées. C'est ici que la première république fut proclamée en 1918, que l'on osa défier l'occupant nazi en 1938, et qu'en novembre 1989, d'immenses manifestations spontanées déclenchèrent la « révolution de velours ».

❷ La statue de Saint Venceslas★

Au pied de la statue équestre du saint patron de la ville, une plaque surmontée d'une croix porte l'inscription : « 1948-1989. Aux victimes du communisme ». Elle sert de mémorial à l'étudiant Jan Palach qui s'immola par le feu, le 16 janvier 1969, pour protester contre l'invasion soviétique d'août 1968.

❸ Le musée national★
Václavské nám., 68
☎ 244 97 111.
T. l. j. sauf mar. 9h-17h.
Entrée payante.

Inauguré en 1890, il domine la place comme une affirmation pompeuse de la renaissance nationale. Ses poussiéreuses collections d'histoire naturelle rivalisent difficilement avec la splendeur très kitsch de son panthéon où règnent fièrement les bustes et statues des grands hommes de Bohême-Moravie.

❹ L'opéra national★
Wilsonova, 8
☎ 242 27 693.

C'est parce qu'elle était jalouse de la magnificence du Théâtre national rival (voir plus bas), construit pour accueillir exclusivement le répertoire tchèque, que la bourgeoisie allemande de Prague fit édifier cet édifice longtemps appelé « Théâtre allemand ». La voie rapide qui le longe défigure malheureusement la façade néo-classique de cette réplique exacte, mais en plus petit, de l'opéra de Vienne.

❺ Le café de l'hôtel Europa★★★
Václavské nám., 25
☎ 24 22 81 17.
T. l. j. 7h-19h.

Un chef-d'œuvre de l'Art nouveau, achevé en 1904, où il faut absolument prendre un café. Certes, il tombe en décrépitude faute de restauration conséquente et la clientèle fortunée boude ses suites défraîchies comme la cuisine quelconque de son restaurant, mais cette absence de lifting participe à son charme « mitteleuropéen », suranné certes, mais efficace.

❻ Le grand magasin Baťa★
Václavské nám., 6
☎ 24 21 81 33.
Lun.-ven. 8h-18h, sam. 8 h-13h.

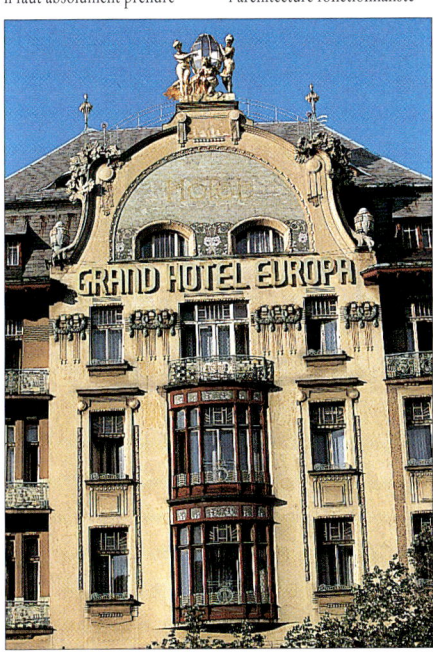

La maison-mère de la célèbre marque tchèque, créée en 1894, a été restituée en 1992 à ses propriétaires exilés au Canada. Les chaussures sont ni plus ni moins que des chaussures Baťa (prononcez *Batia*), mais l'architecture fonctionnaliste du bâtiment vaut largement une visite. On y croise régulièrement Tomáš Bata, héritier en titre, qui débuta ici comme vendeur dans les années 30.

❼ Le jardin franciscain★
Jungmannovo nám., 18
T. l. j. 6h-19h.

Un havre de verdure et de tranquillité juste à côté de l'église gothique Notre-Dame-des-Neiges. De vieilles dames aux cheveux teints en mauve y papotent en mangeant des glaces tandis que les employés du quartier cassent la croûte sur les bancs en bois blanc de ce jardin conventuel ouvert aux profanes depuis 1950.

❽ Národní třída et Na příkopě★
(L'avenue Nationale et l'avenue Sur-le-Fossé)

Tracées à l'emplacement des fossés qui séparaient Vieille et Nouvelle Villes jusqu'au milieu du XVIIIe s., elles devinrent au début du siècle les promenades dominicales respectives et concurrentes des bourgeoisies tchèque et allemande. Sur ces grands boulevards dédiés à la flânerie et aux emplettes, ne manquez pas, au n°40 de Národní třída, la surprenante architecture « rondocubiste » du palais Adria (1922-1925). C'est ici qu'eurent lieu, en 1989, les premières réunions du Forum civique de Václav Havel.

❾ Le Théâtre national★★
Národní, 2
☎ 24 91 26 73/24 91.

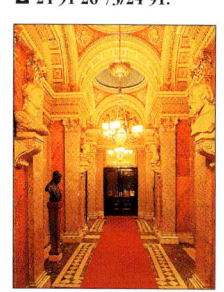

L'incarnation par excellence de l'identité tchèque comme le souligne l'inscription au-dessus de la scène : *Národ sobě* (La Nation à elle-même) ! Entièrement financé par une souscription privée, il brûla quelques mois avant son inauguration. Un nouvel élan patriotique permit la reconstruction en deux ans de ce puissant édifice néo-Renaissance, au bord de la Vltava. Un symbole fort dans un pays dont le premier président élu après la chute du communisme fut lui-même… un homme de théâtre !

❿ Les maisons Praha et Topič★
Národní, 7 et 9

Toutes deux signées Osvald Polívka, elles incarnent deux variations sur un même thème, celui de l'Art nouveau. Comparez le premier bâtiment dont les superbes mosaïques sont nettement inspirées par la Sécession viennoise et le second plus ostentatoire influencé par le Jugendstil allemand. Construite pour les assurances Praha, la maison du même nom fut fréquentée quelques années par un modeste employé nommé… Franz Kafka (voir p. 16).

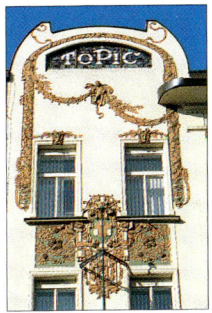

⓫ Velryba★
(La Baleine)
Opatovická, 24
☎ 24 91 23 91 / 70 80.
T. l. j. 11h-2h.

Comme Jonas, plongez dans le ventre de « La Baleine » et découvrez l'un des meilleurs « cafés-galeries » de la ville, un concept qui fait fureur depuis quelques années. Le Tout-Prague littéraire et artistique s'y retrouve pour lire les journaux sur des présentoirs en acajou et se restaurer de plats végétariens à des prix défiant toute concurrence. À noter : les habitués se rendent directement dans la salle du fond plus *cosy* avec ses fauteuils et ses tables basses.

⓬ Le Slavia★★
Národní, 1
☎ 24 22 09 57.
Ouv. t. l. j. 9h-23h.

L'un des cafés les plus mythiques d'Europe centrale, avec ses grandes baies vitrées offrant une vue panoramique sur le château ! Les pétitions indignées que suscita sa fermeture en 1992, après son rachat par une firme américaine peu soucieuse de financer une coûteuse restauration, ont enfin abouti à sa réouverture, six ans plus tard. Rénové avec goût, cet ex-fief de la dissidence est redevenu

⓭ Le Lucerna★
Entrée Štěpánská, 61 ou Vodičkova, 36

Le grand-père de Václav Havel dessina, dans les années 20, la plus connue des galeries de Prague, « cité des passages » selon le feuilletoniste Egon Kisch. Le « palais Lucerna » comprend, sur 21 000 m², des cafés, restaurants et boutiques, un cinéma, une boîte de nuit et surtout… une salle de bal où se donnent toujours les traditionnels « bals du bac » ! Les Tchèques suivent assidûment la sombre querelle spéculative qui oppose ses deux copropriétaires… le président et sa belle-sœur.

le lieu de prédilection de l'*intelligentsia* pragoise. On y sert en toute légalité une absinthe dont les propriétés hautement enivrantes requièrent la plus grande prudence !

Petřín, la colline des amoureux

Envie de romantisme ? Une promenade buissonnière dans cet écrin de verdure aménagé en jardins dès le XIIe s. s'impose. Sa profusion de sentiers et de bosquets, propices aux déclarations les plus enflammées, explique qu'elle soit la balade préférée des amoureux pragois ! La coutume veut que l'on s'embrasse, en faisant un vœu, devant la statue du poète Mácha, l'auteur de *Máj*, célèbre et printanière ode à la passion.

❶ Le parc de Petřín★★
Accès par le funiculaire, Újezd, 36
T. l. j. 9h15-21h45.

Un petit tour de funiculaire et hop, vous voilà sur le toit de Prague. Au sommet, vous attendent, outre l'observatoire et l'église baroque Saint-Laurent, deux vestiges de l'exposition du jubilé de 1891 : le palais des glaces et une mini-tour Eiffel (299 marches sans ascenseur !) d'où, avec un peu de chance, vous apercevrez le plus haut sommet de Bohême : le Sněžka dans les monts Krkonoše.

❷ Le mur de la faim★
Les vestiges de plus d'un kilomètre de fortifications crénelées courent dans la forêt, du couvent de Strahov jusqu'à Újezd. Elles doivent leur nom à une décision qu'aurait prise l'empereur Charles IV : entreprendre des travaux titanesques pour donner du travail aux miséreux, victimes de la terrible famine de 1360. C'est ce que sont censées évoquer les « dents » des créneaux !

❸ La rue Vlašská★
La plus jolie façon de redescendre de Petřín est d'emprunter la « rue italienne »

PETRÍN, LA COLLINE DES AMOUREUX ❽ 57

nommée ainsi d'après les immigrants qui s'y installèrent au début du XVIe s. pour reconstruire le château. C'est en s'inspirant très fortement des plans du Bernin pour le Louvre que l'Italien Alliprandi érigea au début du XVIIIe s. le palais Lobkowicz (n°19) aujourd'hui occupé par l'ambassade d'Allemagne.

❹ Les jardins Vrtbovská★★
(Vrtbovská zahrada)
Karmelitská, 25
☎ 57 53 14 80
T. l. j. 10h-18h avr.-oct.
Concerts classiques t. l. j. 18h30.

Partie de cache-cache dans un jardin pragois ! Se dissimulant derrière deux cours successives, cet extravagant théâtre en plein air surgit dans les coulisses du palais Renaissance du même nom comme un superbe trompe-l'œil. Vasques et divinités antiques juchées sur ses terrasses arrondies proviennent de l'atelier de Matyáš Braun.

❺ Restaurant Nebozízek★★
Petřínské Sady, 411
☎ 551 017.
T. l. j. 11h-23h.

Un service excellent, une table de qualité et une vue vraiment in-com-pa-rable légitiment ce détour. *Nebozízek* signifie « Petite vrille » en tchèque, un nom approprié pour ce restaurant avec terrasse auquel on accède en s'arrêtant à la station intermédiaire du funiculaire, ou encore par un chemin sinuant tout au long de la colline.

❻ Le palais Michna★
Újezd, 40
☎ 532 116.
Mar.-sam. 9h-17h (dim. 10h).
Entrée payante.

Cet élégant palais baroque qui fut la résidence d'été de la très aristocratique famille Kinský accueille aujourd'hui plus prosaïquement la faculté des sports et le musée de la Culture physique. Rien d'étonnant à cela puisqu'il fut racheté en 1921 par l'association de gymnastique des Sokol, mouvement patriotique militant pour la cause nationale tchèque.

❼ Notre-Dame de la Victoire★★
Karmelitská, 9
T. l. j. 8h30-15h30.

Si vous avez un vœu à formuler, c'est le moment ou jamais ! La première église baroque de Prague abrite l'idole des catholiques hispaniques : une statuette en cire de l'Enfant Jésus rapportée d'Espagne au XVe s. à laquelle on attribue une douzaine de miracles. D'où sa luxueuse garde-robe qui ne compte pas moins de 60 manteaux différents. L'un deux fut cousu par Marie-Thérèse d'Autriche, en personne, pour remercier la statuette d'avoir protégé la ville du pillage pendant l'occupation française de 1742 !

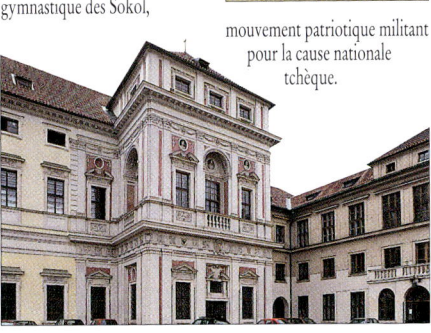

Staré Město, les ruelles de la « Vieille Ville »

La plus ancienne des cités pragoises, au croisement de plusieurs routes commerciales, est la première agglomération à avoir reçu le statut de ville vers 1230. Ici commence la Prague des passages obscurs et des venelles étroites, celle qui vous happe dans ses ruelles médiévales résistant tant bien que mal aux envahissantes boutiques de souvenirs « made in Prague ». N'hésitez pas à vous perdre au cœur de ce labyrinthe de traboules et autres circuits secrets qui sont autant d'invites à la flânerie.

❶ La rue Karlova★★

Les boutiques de verre jouxtent les échoppes de jouets en bois dans ce goulet sinueux qui relie, depuis le XIIe s., le pont Charles et la place de la Vieille Ville. En empruntant la voie que prenaient les rois de Bohême pour aller se faire couronner à Saint-Guy, vous passerez devant la maison Renaissance « À la couronne de France » (n°4) où Kepler rédigea les lois qui portent son nom, entre 1607 et 1612. Un siècle plus tard, un Arménien ouvrit le premier café pragois dans la maison « Au serpent d'or » (n°18).

❷ Le Clementinum★★

Křižovnické náměstí, 4
☎ 24 65 41.

Véritable forteresse de la Contre-Réforme, le plus grand ensemble de bâtiments, après le château, fut fondé en 1556, par les jésuites, pour soutenir l'empereur Ferdinand Ier prêt à tout pour ramener les Tchèques à la religion catholique.

Sa splendide bibliothèque étant malheureusement fermée au public, contentez-vous d'assister à un concert dans la « chapelle des miroirs » dont les mauvais esprits prétendent qu'elle ressemble plus à un boudoir qu'à un lieu sacré.

STARÉ MĚSTO, LES RUELLES DE LA « VIEILLE VILLE »

❸ La maison des seigneurs de Kunštát★
Řetězová, 3
☎ 0602 220 698
T. l. j. sf lun. 11h-18h.

Comme de nombreuses maisons de la Vieille Ville, surélevées à cause des inondations incessantes, elle cache trois salles romanes. Le seigneur de Kunštát y hébergea au XVe s. son neveu Georges de Poděbrady, futur roi de Bohême. Une exposition permanente retrace la vie de ce souverain hussite modéré dans l'un des plus beaux ensembles romans que l'on puisse voir à Prague.

❹ U Zlatého tygra★★
Husova, 17
☎ 22 22 11 11
T. l. j. 15h-23h.

Une brasserie culte où l'écrivain Bohumil Hrabal vint trouver l'inspiration jusqu'à sa mort, en 1997, à l'âge de 83 ans. Ne vous laissez pas intimider par la clientèle aussi majoritairement masculine qu'« authentique ». On se serrera volontiers pour vous faire une petite place à l'une des longues tablées. Commandez une *Pilsen* si vous voulez que l'on vous prenne au sérieux.

❺ Vinárna Blatnička★
Michalská, 5
T. l. j. 11h-24h.

De solides piliers de comptoir carburent au petit blanc dans ce bar à vins toujours plein à craquer. On y consomme exclusivement la production de la coopérative de Blatnice, en Moravie du sud. Si vous hésitez entre le Vavřinecké et le Riesling, demandez conseil à Zdeněk dont la convivialité toute morave transcende allègrement les barrières linguistiques.

❻ Klub Architektů★
Betlémské nám., 5
☎ 24 40 12 14.
T. l. j. 11h30-12h.

Bougies et terrasse avec vue sur la chapelle de Bethléem l'été, voûtes gothiques et lumières tamisées l'hiver, sans oublier des prix tout petits… On comprend qu'artistes et intellectuels aient fait de ce bel endroit, géré par l'Association des architectes, l'un de leurs restaurants de prédilection. Réservez absolument.

❼ La Chapelle de Bethléem★
Betlémské nám.
T. l. j. 9h-18h (17h nov.-mars).
Entrée payante.

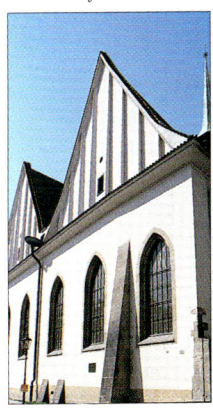

Même s'il ne s'agit que d'une réplique reconstruite à l'identique après la Seconde Guerre mondiale par Jaroslav Frágner, vous foulez le sol sur lequel le célèbre réformateur Jan Hus fit ses sermons enflammés contre l'Église et le pape entre 1402 et 1412. À visiter pour apprendre tout ce que vous voulez savoir sur les hussites...

❽ Le Carolinum★
Železná, 9
☎ 24 49 16 32.
Fermé au public.

C'est ici que Charles IV, bien décidé à faire de Prague le foyer politique et culturel de l'Europe, fonda en 1348 la première université d'Europe centrale. Ce vénérable bâtiment baroque, qui est aujourd'hui le siège administratif de l'université Charles, a quelques beaux restes gothiques dont on aperçoit la trace à l'angle de la place Ovocný trh.

❾ La galerie de verres anciens « A »★★
Na Perštýně, 10
☎ 26 13 34.
T. l. j. 11h-19h.

Une galerie « coup de cœur » à voir ne serait-ce que pour les meubles et lustres cubistes ainsi que pour ses plafonds peints années 20. Si les prix (justifiés) des verres originaux du XVIIIe s. à l'Art déco vous semblent trop élevés, rabattez-vous sur les très jolies copies médiévales, gothiques ou baroques. Une petite salle d'exposition présente également les créations originales d'artistes contemporains, comme Klinger ou Masitova.

❿ Le musée du cubisme★★
Celetná, 34
☎ 24 21 17 32.
T. l. j. sauf lun. 10h-18h.

« Place aux cubes ! », décida l'architecte Josef Gočár lorsqu'il édifia en 1912 ce bâtiment qui fit scandale en lieu et place d'une demeure baroque dont il ne conserva que la statue emblématique. D'où son nom de « Maison à la Vierge noire ». Depuis 1944, les ténors du cubisme tchèque y sont exposés parmi lesquels Otto Guttfreund, Josef Chochol et Emil Filla.

⓫ La tour poudrière★
Nám. Republiky
T. l. j. 10h-18h (17h en avr. et oct., f. nov.-mars).

Son nom guerrier lui vient de ce qu'elle servit de dépôt de

STARÉ MĚSTO, LES RUELLES DE LA « VIEILLE VILLE »

munition à la fin du XVIIe s. Si l'exposition permanente sur les tours de Prague n'a rien d'incontournable, la vue sur une véritable mer de coupoles vert-de-gris et de toits de tuiles ne vous fera pas regretter l'escalade de ce vestige des remparts de la Vieille Ville.

⓬ Obecni dům★★★
(La Maison municipale)
Nám. Republiky, 5
☎ 22 00 21 00.
T. l. j. 10h-18h.

Toute rutilante après une efficace cure de jouvence, voici la Mecque des amateurs d'Art nouveau dessinée par Antonín Balšánek et Osvald Polívka (1905-1911) et décorée par Alfons Mucha. Selon l'heure ou l'humeur, diverses options s'offrent à vous : le salon de thé aux fastes viennois, le restaurant français ou la brasserie Plzeňská, la salle de concert Smetana, ou le piano-bar où l'on danse les sam. et dim. de 18 h à minuit. Pour visiter, se présenter à l'accueil (150 Kč l'entrée).

⓭ Le Théâtre des États★★
Ovocný trh, 6
☎ 24 22 85 03.

Vivez un intense moment d'émotion mozartienne en assistant à un concert dans la salle qui vit la première mondiale de *Don Juan*, le 29 octobre 1787. Une performance historique d'autant plus remarquable que, deux jours avant, le divin Mozart n'avait toujours pas écrit sa célèbre ouverture en *ré mineur*, composée à grand renfort de punch dans la nuit du 27 au 28 !

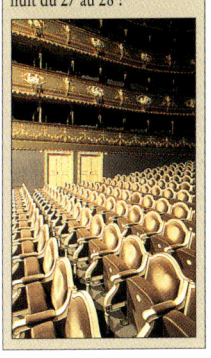

Staroměstské náměstí,
le cœur de la « Vieille Ville »

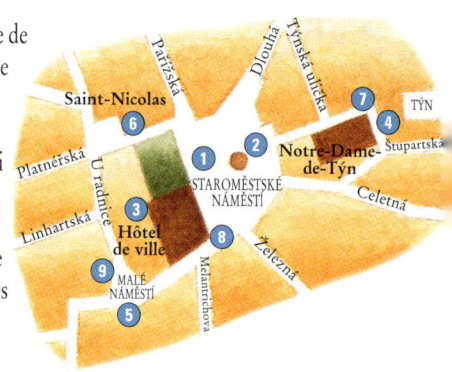

Seule l'aile néo-gothique de l'hôtel de ville du centre de la ville médiévale fut brûlé pendant la Seconde Guerre mondiale. Même si le jaune citron, le vert amande et le rose bonbon ont remplacé depuis peu le camaïeu ocre de ses édifices gothico-baroques, la place de la Vieille Ville a si peu changé que du haut de la tour de l'hôtel de ville, on se croirait presque devant la maquette de 1834, conservée au Musée de la ville !

❶ Staroměstské náměstí★★★
(La place de la Vieille Ville)

Prenez une leçon d'histoire tchèque en plein air sur le plus ancien marché de la ville (1091). Les 27 croix blanches gravées au sol symbolisent les protestants exécutés en 1621 après la bataille de la Montagne Blanche qui livra le pays aux Habsbourg. Klement Gottwald y proclama le « coup de Prague » communiste en 1948 et 42 ans plus tard, Václav Havel y annonça le retour à la démocratie.

❷ Le monument à Jan Hus★

Ce mémorial Art nouveau fut réalisé par Ladislas Šaloun pour le cinq centième anniversaire de Jan Hus, héros réformateur brûlé vif en 1415. Plus prosaïquement, ce colossal symbole de l'identité nationale est un point de rendez-vous idéal.

❸ L'hôtel de ville★★★
Staroměstské nám., 3
Ouv. lun. 11h-18h, mar.-dim. 9h-18h (oct.-mars 17h).
Entrée payante.

Les automates de l'horloge astronomique (1410) sont le principal attrait de cet ensemble de maisons gothiques accolées. À chaque heure, la foule subjuguée regarde défiler le Christ suivi de ses apôtres, au son d'une cloche tirée par un squelette.
À compléter par l'ascension de la tour (70 m) pour une vue unique sur la ville.

❹ L'église Notre-Dame-de-Týn★★
Staroměstské nám., 14
En travaux.

Cette sombre cathédrale gothique (1365) fut la plus importante des églises hussites de Prague. Elle renferme la pierre tombale de l'astronome danois Tycho Brahé mort en 1601 d'un éclatement de la vessie au cours d'une audience royale avec Rodolphe II. D'où

STAROMĚSTSKÉ NÁMĚSTÍ, LE CŒUR DE LA « VIEILLE VILLE » 63

l'expression locale : « Je ne veux pas mourir comme Tycho Brahé », autrement dit : « Je dois aller aux toilettes ».

❺ Malé náměstí★★
(La petite place)

C'est sur cette charmante extension de la place de la Vieille Ville qu'ouvrit, en 1353, la première pharmacie de Prague. La *Lékárna Schnöblingova* (n°13) perpétue la tradition avec son décor baroque intact. Jetez un coup d'œil à l'intérieur sans oublier d'admirer la gracieuse fontaine Renaissance.

❻ L'église Saint-Nicolas★
Staroměstské nám., 14
Mar.-dim. 10h-17h.
Entrée libre.

Avec ses allures de gros gâteau de mariage, cette église fut bâtie, entre 1732 et 1735, sur des plans de Dientzenhofer, le pape du baroque tchèque. Ne ratez pas le lustre en cristal de Bohême qui pèse 1,5 tonnes.

❼ La cour du Týn (la cour des marchands)★★

Pour atteindre la cour du Týn, il faut contourner la cathédrale par la ruelle Týnská. Du XIe au XVIIIe s., on accueillait ici les marchands étrangers qui devaient s'acquitter des droits de douane. Selon le plan original, les bâtiments de la cour étaient enfermés par deux portes. Observez la maison Granovský, reconnaissable à son élégante loggia ouverte au premier étage. Bâtie en 1560 selon le modèle d'un palais italien de la Renaissance, ses fresques en sgraffites représentent des scènes mythologiques et bibliques.

❽ Le café Milena★
Staroměstské nám., 22
☎ 21 63 26 02
T. l. j. 10h-20h.

Au premier étage du centre Kafka (voir p. 16), ce salon de thé doit son nom à Milena Jesenská, amie de l'écrivain. On ne sait si les dignes vieilles dames qui en ont fait leur quartier général se régalent plus des pâtisseries débordantes de crème ou du tableau grouillant de vie que compose à leurs pieds la place de la Vieille Ville.

❾ Dům Lahůdek★
Malé nám., 3
☎ / ℱ 26 95 37.
Lun. ven. 7h30-19h, sam. 9h30-19h, dim. 12h-19h.

On lit encore le nom de Rott, son premier propriétaire, qui fut aussi le constructeur du métro pragois, sur la façade néo-Renaissance du plus célèbre magasin de la ville. Signe des temps, cette quincaillerie décorée par le peintre pompier Mikuláš Aleš s'est reconvertie en un grand magasin de cristal de luxe sur plusieurs étages.

Vyšehrad, l'« autre » château

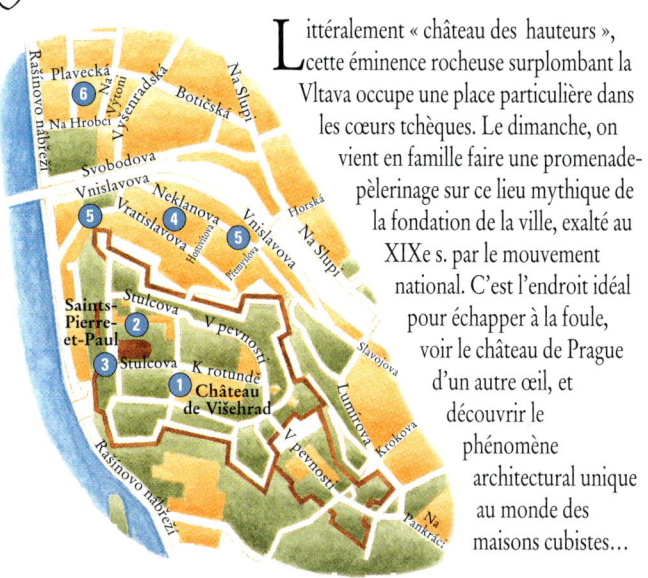

Littéralement « château des hauteurs », cette éminence rocheuse surplombant la Vltava occupe une place particulière dans les cœurs tchèques. Le dimanche, on vient en famille faire une promenade-pèlerinage sur ce lieu mythique de la fondation de la ville, exalté au XIXe s. par le mouvement national. C'est l'endroit idéal pour échapper à la foule, voir le château de Prague d'un autre œil, et découvrir le phénomène architectural unique au monde des maisons cubistes…

❶ Le château de Vyšehrad★★
Entrée rue Pevností.

Fondé au XIe s. par Vratislav II, premier roi de Bohême, il fut supplanté par le château de Prague plus facile à défendre, abandonné après sa destruction pendant les guerres hussites, puis transformé en une puissante forteresse au XVIIe s. Une fois franchies les portes Tábor (1655) et Léopold-Ier (1678), apparaît la rotonde Saint-Martin, seul vestige de la place-forte médiévale.

❷ Le cimetière★★
T. l. j. 8h-19h (nov.-fév. 9h-16h, mars-avr. 8h-18h).
Entrée gratuite.

À ses grands hommes, la patrie tchèque reconnaissante a dédié ce petit cimetière-panthéon. Les écrivains Jan Neruda, Vítězslav Nezval et Karel Čapek (passé à la postérité pour avoir inventé le mot « robot »), les compositeurs Bedřich Smetana et Antonín Dvořák, le peintre Alfons Mucha reposent ici.

❸ L'église Saint-Pierre-et-Saint-Paul★★
Sam.-dim. 10h-12h et 13h-16h.

Cette bâtisse lourdement « néo-gothiquisée » par Josef Mocker, en 1885, s'élève sur les fondations de la basilique romane édifiée par

Vratislav II. Dans le jardin attenant, quatre statues monumentales de Josef Myslbek représentent les figures légendaires de la mythologie tchèque.

❹ U zlaté kotvy★
(À l'ancre dorée)
Vratislavova, 19
☎ 90 05 20 21.
T. l. j. 10h-24h.

Une brochette de buveurs de bière à la mine patibulaire vient répondre à l'appel du large dans cette *pivnice* qui joue les bistrots de marins à grands renforts de rideaux en forme de filets de pêche et bar à figure de proue. Souvenez-vous que vous trouvez dans un pays sans mer et préférez aux « spécialités de poisson » surgelées, de rustiques « spécialités tchèques » comme la *bramborák*, une excellente galette de pommes de terre.

❺ Les maisons cubistes★★★

Toutes construites entre 1911 et 1913, elles témoignent d'une particularité pragoise : le cubisme architectural (voir p. 14). Débutez votre parcours au n° 30 de la rue Neklanova par le magistral immeuble de Josef Chochol dont vous remarquerez les poignées de portes, mais vous éviterez l'affligeant restaurant, puis vous passerez au n°2 devant une façade d'Antonín Belada. Poursuivez et terminez par deux autres œuvres de Chochol : le n° 49 de la rue Libušina, avec son côté jardin aux parterres triangulaires et l'élégante « maison pour trois familles » Rašínovo nábřeží n°6, 8, 10.

❻ Le bistrot de Marlène★★
Plavecká, 4
☎ 29 10 77.
Lun.-ven. 12h-14h30 et 19h30-22h15, sam. 19h-22h30, f. dim.

Rien de plus exotique que ce restaurant à l'écart des circuits touristiques où tout est provençal...

❼ La princesse Libuše

« Je vois une grande ville dont la gloire va toucher les étoiles », aurait déclaré, du haut du rocher de Vyšehrad, la princesse Libuše, descendante du roi Čech. Régnant depuis l'an 710 sur une tribu qui supportait mal d'être dirigée par une femme, elle prit pour époux un laboureur, Přemysl. Et c'est ainsi qu'elle fonda la dynastie des Premyslides et la ville de Prague...

des tomettes aux yeux noirs d'Isabelle, « le » pétillant maître d'hôtel ! Pragoise d'adoption depuis 1995, Marlène a vite su convaincre ses clients tchèques qu'il y avait une vie gastronomique en dehors du sacro-saint rôti-de porc-aux-choux-et-aux-*knedlíky*.

Séjourner mode d'emploi

Sans prétendre au luxe des grands palaces occidentaux, les hôtels de Prague ne manquent pas de charme. Vous serez peut-être plus surpris par les restaurants où les repas sont généralement avalés en vitesse, au coude à coude, dans une atmosphère pas toujours conviviale, sauf bien sûr dans les grands établissements.

L'HÔTEL

Entre l'hôtel quatre étoiles, le palace et la petite pension, il n'existe pas vraiment d'hôtel de catégorie intermédiaire à Prague. Le logement reste cher et il est très difficile de réunir dans une même chambre, propreté impeccable, grand confort et décoration acceptable. Même dans les très grands hôtels aux tarifs exorbitants, l'un des paramètres ne sera pas toujours respecté. La tendance change cependant comme le prouve notre sélection.

CLASSIFICATION

Il existe trois catégories d'établissements : « A » pour les chambres, suites et appartements dans des hôtels de luxe (de 2 500 à 4 500 Kč), « B » pour les hôtels plus ordinaires (de 1 500 à 2 000 Kč), « C » pour les petits hôtels et les pensions (de 750 à 1 500 Kč).

Durant la haute saison (de début mai jusqu'à fin septembre), les hôtels pratiquent des tarifs élevés, qui redescendent en basse saison. Même à ce moment-là, il est encore possible de négocier le prix de son logement.

RÉSERVATION

Prague est une ville à la mode. Si vous n'avez pas acheté un forfait transport + logement, il est fortement recommandé de réserver votre hôtel par téléphone, même en dehors des périodes très fréquentées (Pâques, juillet-août et les fêtes de fin d'année).

LES RESTAURANTS

Les Tchèques commencent à travaillller à 7h ou 8h, déjeunent sommairement vers midi debout dans les cantines ou les hospoda, d'un sandwich ou de plusieurs tartines. La journée de travail se termine vers 16h ou 17h et les Tchèques finissent généralement leur dîner à 19h. Dans ces conditions vous comprenez pourquoi il est plutôt difficile de manger dans les hospoda après 21h et dans les restaurants après 22h30.

Le soir la réservation est pratiquement indispensable, même dans les simples *hospoda* ; dans certains établissements à la mode ou plus recherchés, la réservation est même quasi obligatoire plusieurs jours à l'avance.

À TABLE

Les Tchèques ne s'asseyent pas l'un en face de l'autre mais côte à côte. Ainsi vous serez sans doute amenés à compléter une table déjà occupée. Restez quand même sur votre quant-à-soi, il n'est pas d'usage d'essayer

À LA DERNIÈRE MINUTE

TOURTIP VIVIANE
Cukrovarnická 22, Prague 6 - Střešovice
☎ 24 31 13 61
☎ 24 31 13 59

Si vous n'avez décidément rien réservé, une fois sur place appelez vite cette agence qui vous proposera un excellent choix d'hôtels dans toutes les catégories. Vous serez accueilli en français car cette agence est tenue par une Tchéco-Française. Paiement en espèces uniquement.

TOM'S TRAVEL
Ostrovní 7, Prague 1
☎ 24 99 09 90 / 09 89
E-mail : toms@travel.cz
Web :
http://www.apartments.cz
T. l. j. 8h-20h.

Hôtels, pensions, appartements, suite ou chambre simple, donnez les dates de votre séjour et votre budget, Tom's Travel vous enverra une sélection par courrier, par fax ou par mail en français, avec photos et plans de logements (même à la dernière minute). CB acceptées.

---

de lier conversation avec votre voisin de table.

La coutume est ici de débarrasser rapidement votre couvert, dès que vous avez terminé votre assiette, même si vos compagnons de table mangent encore. Pour ralentir un peu le service, croisez vos couverts dans l'assiette pour montrer que vous n'avez pas fini, et rangez-les du même côté pour être desservi (ça ne marche pas à tous les coups !).

On ne vous servira pas de carafe d'eau du robinet, ni d'eau plate, en revanche on vous apportera un verre d'eau gazeuse (*soda*). Dans certaines hospoda, on vous renouvellera automatiquement votre bière si vous venez d'en terminer une. N'hésitez pas à refuser, même si le serveur vous pousse à la consommation.

L'ADDITION

Ouvrez l'œil au moment de payer l'addition. Sachez qu'un supplément pour le couvert et le pain peut être compté. Les accompagnements (légumes, riz) sont généralement à commander en plus du plat. Au moment de régler, annoncez au serveur un montant supérieur de 5%, il vous rendra la monnaie en gardant son pourboire (on ne laisse pas d'argent sur la table). Pour un repas rapide en hospoda, compter entre 60 Kč et 100 Kč, 500 Kč pour un repas dans un restaurant plus chic.

SPÉCIAL VÉGÉTARIENS

Les cartes des restaurants proposent pratiquement toutes des plats tchèques dépourvu de viande (*jídla bez masa*), ce qui ne signifie pas pour autant qu'ils sont plus légers ! Tentez les knedlíky s vejci (boulettes de farine et eau aux œufs brouillés), le smažený sýr (fromage pané), le smažené žampióny, (champignons panés) mais aussi des plats préparés à base de tofu (sojové maso).

OÙ MANGER ?

Samoobsluha
Cantine très bon marché où l'on sert des plats chauds dans un décor minimaliste.

Pivnice, hospoda, hostinec
Voici les lieux les plus fréquentés par les Tchèques, où l'on mange et l'on boit.

Vinárna
Bar à vins populaire, où vous pourrez grignoter quelques plats.

Restaurace
Il correspond au restaurant, bien que la carte puisse être la même que dans une hospda.

Cukrárna
Pâtisserie très bon marché où vous pourrez goûter quelques spécialités (environ 12 Kč) comme le *loupák*, sorte de croissant, le *koláč* petit gâteau *povidlový* à la confiture ou encore le *makový* au pavot.

HÔTELS

Malá Strana (le Petit Côté)

Hotel Kampa ★★
Všehrdova 16, Prague 1
Tram 12 ou 22, arrêt Újezd
☎ 57 32 05 08
📠 57 32 02 62
Ch. double basse saison
3 860 Kč, haute saison
4 680 Kč (avec petit déj.).

Très bien située dans une vieille ruelle pleine de charme, cette maison baroque du XVIIe s. abritait autrefois une armurerie. Rénovées en 1992, les 85 chambres avec douche vous accueillent, certaines offrant une belle vue sur le parc de Kampa et la Vltava. Le restaurant est ouvert de 7h à 22h. Aux beaux jours, vous pourrez également profiter de la terrasse.

Hotel Sax
Jánský vršek 3, Prague 1
Tram 12 ou 22, arrêt Malostranské náměstí
☎ 57 53 01 72
Ch. double 4 400 Kč.

L'hôtel est logé dans une rue parallèle à la Nerudova qui grimpe au Château. En fin de journée, lorsque les touristes sont partis, le quartier est presque à vous. Bar et restaurant sont ouverts de 11h30 à 22h.

Pension Dientzenhofer ★★
Nosticova 2, Prague 1
Tram 12 ou 22, arrêt Malostranské náměstí
☎ 53 88 96
📠 53 71 08 88
Ch. double 3 500 Kč.

L'architecte Kilian Dientzenhofer est né dans ce bâtiment du XVIe s. Une réservation bien longtemps à l'avance est indispensable car il n'y a que six chambres. Près du pont Charles, l'endroit est tranquille et familial, et en été vous pourrez prendre votre petit déjeuner dans le jardin qui donne sur le parc de Kampa.

Pension U Raka
Černínská 10, Prague 1
Tram 22
☎ 20 51 11 00
📠 20 51 05 11
Ch. double 6 200 Kč.

Dans le quartier de Nový Svět, 7 chambres d'hôte dans une bâtisse à colombages du XVIIIe s., idéale pour passer un séjour romantique à Prague. Calme garanti, les enfants et… les chiens ne sont pas admis ! (Voir aussi p. 37.)

U Páva ★★★★
U Lužického semináře 32, Prague 1
M° Malostranská, tram 12 ou 22 arrêt Malostranské náměstí
☎ 57 32 07 43
🅕 53 33 79
Ch. double 5 900 Kč, petit déjeuner inclus.

Voici un très bel hôtel de charme presque au bord de la Vltava, tout proche du pont Charles, avec vue sur le Château. Ce qui explique les tarifs élevés. Le restaurant, lui aussi de qualité, propose de très bons plats de poisson.

Hotel Hoffmeister ★★★★
Pod Bruskou 9, Prague 1
M° Malostranská
☎ 51 01 71 11
Ch. double 7 000 Kč.

Cet hôtel est l'unique relais-château de République tchèque. De construction récente, il est l'œuvre du fils d'Adolf Hoffmeister, ami de Picasso et des surréalistes français. Les 3 chambres décorées avec raffinement sauront vous séduire, et vous faire oublier les prix un peu élevés.

Na Kampě 15 ★★
Na Kampě 15, Prague 1
Tram 12 ou 22, arrêt Malostrasnké nám.
☎ 57 31 89 96
🅕 57 31 89 97
Ch. double 4 000 à 5 800 Kč.

Située sur l'île Kampa, cette ancienne brasserie du XVe s., classée monument historique, est devenue après travaux un magnifique hôtel au bord de la Vltava, disposant de plusieurs chambres sous les combles, d'un restaurant avec petit jardin et d'une vieille brasserie.

Staré Město (vieille ville)

Betlém Club
Betlémské nám. 9, Prague 1
M° Národní třída
☎ 22 22 15 75
Ch. double 3 600 Kč.

Installée sur la place Betléem, à proximité de nombreux cafés et restaurants, cette pension propose 20 chambres de dimensions modestes à des prix tout à fait raisonnables. Vous vous réjouirez de prendre votre petit déjeuner dans une vraie cave gothique.

Grand Hotel Europa ★★★
Václavské nám. 25, Prague 1
M° Můstek ou Muzeum
☎ 24 22 81 17
🅕 24 22 45 44
Ch. double 3 740 Kč.

Pour retrouver le charme un peu vieillot d'un grand hôtel du début du siècle (certaines chambres ont récemment été rénovées), magnifiquement décoré dans le style Art nouveau, rien ne vaut l'hôtel Europa. Le service ne sera sans doute pas à la hauteur de ce que vous pourriez attendre dans cette catégorie, mais les tarifs en tiennent sans doute compte.

Pension U Krále Jiřího (Au Roi Georges)
Liliová 10, Prague 1
M° Staroměstská
☎ / 𝔽 22 22 17 07
Ch. double 2 600 Kč.

Cette petite pension dispose de 8 chambres dans une bâtisse du XIVe s., dont certaines sont en mansarde. Sans grand style, tout est dans la simplicité, et la principale qualité reste la situation très centrale dans le quartier du pont Charles associée à des prix raisonnables.

Hotel Esprit★★★
Jakubska 5, Prague 1
M° Nám. Republiky
☎ 22 87 01 11
𝔽 22 87 01 12
Ch. double 5 400 à 6 400 Kč.

Près de la Maison Municipale, cet hôtel de 24 chambres (l'une adaptée aux handicapés) d'inspiration Art déco, entièrement rénové, n'a qu'un mot d'ordre, l'hospitalité ! Entre autres, une salle de réunion dominant les toits du quartier, un restaurant, un petit jardin, un parking proche et même une Limousine !

U Staré paní
Michalská 9, Prague 1
M° Můstek
☎ 26 72 67 / 26 49 20
ou 26 16 55
Ch. double 3 830 Kč (haute saison).

La situation de cet hôtel, récemment restauré, est idéale pour visiter la ville. Les 18 chambres sont propres et confortables, et le club de jazz en sous-sol a une programmation de qualité.

Pension Unitas
Bartolomějská 9, Prague 1
M° Národní třída
☎ 232 77 00
𝔽 234 21 08 00
Ch. double 2 000 Kč.

Si elle est devenue aujourd'hui une pension tranquille, cette maison a tout d'abord servi de monastère jésuite puis de prison pour prisonniers politiques. La police secrète communiste y tenait ses interrogatoires. Vaclav Havel s'est retrouvé dans la cellule n°6 du sous-sol. Vous logerez ici en compagnie discrète des sœurs franciscaines.

Hotel U Klenotníka (Chez l'orfèvre)
Rytířská 3, Prague 1
M° Můstek
☎ 24 21 16 99
𝔽 24 22 10 25
Ch. double 3 800 Kč.

Au cœur du centre-ville, entre Vaclavské náměstí et la place de la Vieille Ville, voici une pension familiale et un restaurant tout à fait sympathiques. Les 10 chambres sont très confortables.

Hotel černa Liska★★
U radnice 16/19, Prague 1
M° Staroměstská
☎ 90 00 40 66
𝔽 90 00 40 33
Ch. double 3 100 à 4 800 Kč.

Impossible de trouver à vous loger plus au cœur de la Vieille Ville que dans ce charmant hôtel qui donne sur la place Staroměstská. 12 chambres rénovées vous accueillent confortablement, et aux beaux jours le petit déjeuner est servi en terrasse sur la place.

Nové Mesto (la Nouvelle Ville)

Hotel 16. U sv Kateřiny★★★
Kateřínská 16, Prague 2
M° Karlovo náměstí
☎ 24 91 96 76
📠 24 91 06 26
Ch. double 3 100 Kč, petit déjeuner compris.

Une très bonne adresse non loin du centre (10 minutes à pied de Václavské náměstí) et près du jardin botanique. L'hôtel, entièrement restauré, dispose de chambres simples (l'une adaptée aux handicapés) ou doubles et de suites, toutes calmes et très confortables. Certaines possèdent un minuscule salon idéal pour se reposer en fin de journée.

Vinohrady

Hotel Anna
Budečská 17, Prague 2
M° Náměstí Míru
☎ 22 51 31 11
📠 22 51 51 58
Ch. double 3 000 Kč.

À cinq minutes de Métro de Muzeum, le quartier est tranquille et tout proche du centre. L'hôtel dispose de 23 chambres simples et doubles et d'un bar avec terrasse, ouvert de 17h à 23h.

Luník
Londýnská 50, Prague 2
M° I.P. Pavlova
☎ 24 25 39 74
📠 24 25 39 86
Ch. double 2 490 Kč.

Non loin du centre (cinq minutes de Muzeum en Métro, nombreuses lignes de tram), l'hôtel rénové propose 35 chambres très calmes, d'un bon rapport qualité-prix.

Pension City
Belgická 10
M° Náměstí Míru
☎ 22 52 16 06
Ch. double 1 500 Kč sans douche et 2 320 Kč avec s.d.b.

Toujours près de Náměstí Míru, profitez d'être logé dans cet hôtel pour découvrir des rues au charme verdoyant du quartier, les façades restaurées aux couleurs éclatantes. Les chambres ne sont pas grandes mais propres et très bon marché.

Autre quartier

Pension Bonaparte
Radlická 38, Prague 5
M° Andél
☎ 51 56 52 83
📠 51 56 22 82
Ch. double 2 000 Kč.

Un peu excentrée, mais le tram juste en face (préférez les chambres du fond) et proche du Métro (10 minutes de Můstek), cette maison du XIXe s., entièrement restaurée, dispose de neuf grandes chambres doubles soignées et d'un appartement pour trois personnes.

Restaurants

Malá strana

Hanovský pavilon★
Letenské sady, 173
Tram 18, 22, arrêt Hodovkovysordy, puis rue Gogolova jusqu'au parc
☎ 333 23 641
T. l. j. 11h30-15h30 et 18h-1h.

Situé dans le parc du Letna, ce restaurant à la décoration baroque et rococo, a des allures de pavillon de chasse. La vue sur Prague est superbe, l'ambiance feutrée et le service très attentionné.

U černého vola★★
Lorétánské náměstí, 1
Tram 22, arrêt Pražský hrad
☎ 20 51 11 40
T. l. j. 10h-22h.

Située juste à côté de l'église Loreta et face au ministère des Affaires étrangères, cette maison baroque abrite une vieille auberge encore méconnue des touristes. Au menu, soupes et plats simples arrosés de bière *Velkopopovický Kozel*.

U Kocoura★★
Nerudova, 2
Tram 12, 22 arrêt Malostranské nám.
☎ 57 53 01 07
T. l. j. 10h-23h.

Vous pourrez ici déguster la meilleure *Pilsner Urquell* de Prague, en grignotant quelques petits plats locaux spécialement conçus pour accompagner cette bière (saucisses, fromages…).

U Maltézských rytířů★★★
Prokopská, 10
Tram 12, 22, arrêt Malostranské nám.
☎ 57 53 36 66
T. l. j. 11h-23h.

À deux pas de l'ambassade de France, un petit restaurant intime : chandelles dans la salle du rez-de-chaussée, voûte romane au sous-sol. Prix modérés pour une cuisine tchèque et internationale. Goûtez le délicieux *jablkovy zavin* (Apfelstrudel).

Staré město

Pivnice Radegast★
Templova ul.
M° Náměstí Republiky ou Můstek
☎ 232 82 37
T. l. j. 11h-24h.

Dans une ambiance de taverne animée, les serveurs aux pas pressés servent de la bière blonde ou brune à tour de bras. Pour vous restaurer choisissez le goulasch ou le *svíčková na smetaně* (filet de bœuf à la crème).

Country life★★
Melantrichova, 15
Michalská, 18
M° Můstek
Dim.-jeu. 11h-15h et 16h-19h30, ven. 11h-16h.

Nichée dans la superbe cour intérieure d'un passage, voici une adresse qui ravira végétariens et végétaliens. Ce self-service propose des salades, des soupes, des plats chauds et des desserts aux délicieux accents de l'Est (goûtez le bortsch). Un restaurant très bon marché : ici vous payez à l'assiette ou au poids.

U Zlatého soudku★
Ostrovní, 28
M° Národní třída
☎ 249 122 02
T. l. j. 11h-23h.

Attablé dans des box de bois verts, faites votre choix parmi les nombreux plats traditionnels tchèques, sans grande originalité, mais bon marché et servis copieusement.

L'Equinoxe★
Vojtěšská, 9
M° Národní třída
☎ 29 10 40
Lun.-sam. 12h-1h.

Excellent restaurant français. Entre 100 Kč et 300 Kč à la carte (80 Kč pour le plat du jour), vous serez épaté par les salades chaudes ou froides, les plats de viandes ou de poissons. Le café est ouvert à partir de 7h pour les petits déjeuners croissants.

Vinárna v zátiší ★★★
Liliova, 1
M° Národní třída ou Můstek
☎ 22 22 06 27
T. l. j. 12h-15h et 17h30-23h.

La décoration est sophistiquée (bougies sur les tables), l'atmosphère chaleureuse et douce, le service discret : voilà l'endroit idéal pour un dîner en tête à tête. Les plats originaux, très raffinés et soigneusement présentés, s'inspirent de la cuisine tchèque, française et internationale (foie gras frais poêlé, au coulis de mûres et poires confites). Le vin est également servi au verre. Réservation indispensable plusieurs jours à l'avance.

Francouzská a Plzeňská restaurace ★★★
Náměstí Republiky, 5
M° Náměstí Republiky
☎ 22 00 27 70
𝔉 22 00 27 78
T. l. j. 12h-16h et 18h-23h.

Sous l'horloge Sécession, le sublime décor Art nouveau de ce prestigieux restaurant vous accueille. Au menu, une cuisine traditionnelle excellente, et des plats d'inspiration française succulents à des prix raisonnables. Si vous n'avez qu'une soirée à Prague, plongez dans l'atmosphère de ce lieu au charme rétro. Réservation indispensable.

Hospoda de la Maison municipale ★★
Náměstí Republiky, 5
M° náměstí Republiky.
☎ 22 00 27 80
T. l. j. 11h-23h.

Au sous-sol de la Maison municipale, une immense *hospoda* au décor de bois peint et de céramique propose de très bons plats traditionnels. Des airs d'accordéon résonnent parfois, ajoutant à la convivialité du lieu. Un modèle d'*hospoda* version raffinée.

Pivnice u Pivrnce ★
Maiselova, 3
M° Staroměstská
☎ 232 94 041
T. l. j. 11h-23h.

Dirigez-vous d'office au sous-sol. Humour tchèque (pas toujours compréhensible) sur les murs, fresques grivoises, cuisine traditionnelle très rudimentaire, l'endroit est plutôt réputé pour son ambiance décontractée, voire relâchée en fin de soirée quand la bière coule à flots !

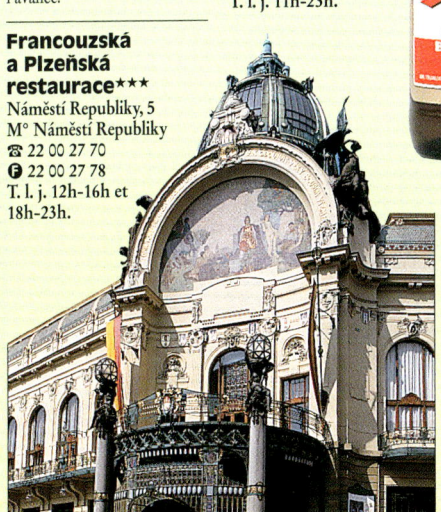

Restaurace Karolína ★★
Karolíny Světlé, 14
M° Národní třída
☎ 24 23 54 52/06 06 28 88 500
T. l. j. 11h-23h.

Voilà une adresse très appréciable l'été pour les tables dressées dans la cour intérieure, au calme et à l'ombre des arbres. La cuisine tchèque, sans prétention et bon marché, le service aimable et attentionné, font de ce petit restaurant une halte reposante.

U Dvou Koček★★
Uhelný trh, 10
M° Můstek ou Národní třída
☎ 242 299 82
T. l. j. 11h-23h.

Sous les arcades de la petite place, cette vieille taverne pragoise (fin XVIIe s.) est devenue touristique, mais a su garder une ambiance chaleureuse grâce aux joueurs d'accordéon (facturé sur l'addition) qui animeront votre repas. La cuisine est simple et bon marché.

U Vejvodů★★
Jilská, 4
M° Narodní třida
T. l. j. 10h-24h.

C'est le dernier-né des établissements tchèques qui mettent à l'honneur la cuisine du pays et l'ambiance conviviale des grandes tavernes. Au rez-de-chaussée, une immense cuve est suspendue au-dessus du comptoir où la bière coule à flots. Plats du jour autour de 55 Kč, à la carte entre 80 et 130 Kč.

U Pavouka★
Celetná, 17
M° Náměstí Republiky
☎ 231 33 27
T. l. j. 11h-24h.

Descendez dans les immenses salles médiévales du sous-sol, aux voûtes imposantes. L'ambiance est feutrée, le service attentionné et les plats tchèques proposés sont agréablement cuisinés et parfumés. Délicieux *halibut* (flétan) et canard rôti à la vieille bohémienne… Attention, il semblerait que depuis quelques temps, la qualité ne soit plus au rendez-vous.

Nové město

Novoměstský Pivovar★★
Vodičkova, 20
M° Karlovo náměstí
Muzeum ou Můstek
☎ 222 32 448
T. l. j. 11h-23h (dim. 10h-22h).

Dirigez-vous au fond de la galerie avant de pénétrer dans ce véritable labyrinthe de salles. Très recherché pour ses plats traditionnels tchèques savoureusement cuisinés (fameux *vepřové pečené koleno*, jarret de porc) et copieusement servis, pour sa bière brassée dans les sous-sols, ses tables en bois accueillantes et son ambiance conviviale. Fort de ce succès, le restaurant pratique maintenant des prix un peu élevés. Réservation conseillée.

Restaurace pivovarský dům★★★
Lipová 511
M° Karlovo náměstí
☎ 96 21 66 66
T. l. j. 11h-23h30.

Bonne cuisine tchèque traditionnelle dans un décor consacré à l'art de la fabrication de la bière, d'ailleurs brassée dans les sous-sols. Blonde et légère, naturellement un peu trouble, elle est excellente. Si vous le souhaitez, demandez à visiter la brasserie. Très bon rapport qualité-prix (plats de 55 à 90 Kč). La portion standard suffit (éviter les pâtes sucrées au fromage blanc !). Une adresse qui rivalise avec le Novoměstský Pivovar.

U Pinkasů★★
Jungmannovo náměstí, 15
M° Můstek
☎ 24 22 29 65
Lun.-ven. 8h-23h ; au r.-d.-c. sam. 10h-23h, dim. 11h-21h ; au 1er ét. 11h-23h.

Prendre la rue parallèle à la 28. rijna, au bas de Můstek et en chemin, découvrez le réverbère cubiste d'Hoffmann (1913). Presque cachée, cette hospoda traditionnelle n'est fréquentée que par les habitués du quartier :

goulasch et bière *Plzeňský Prazdoj* sont sur toutes les tables. À imiter pour ne pas dépareiller !

U Rozvařilů★
Na Poříčí, 26
M° Náměstí Republiky ou Florenc
Lun.-ven. 8h-19h30, sam. 9h-19h, dim. 10h-17h.

Les cantines (*bufet* ou *samoobsluha*) n'ont pas complètement disparu de Prague. Très bon marché, on y mange sur le pouce des *chlebíčky* (tartines) ou quelques plats chauds (goulasch), debout ou assis. Si vous êtes pressé et affamé, c'est une adresse agréable fréquentée par les Tchèques.

U Rumpálu★★★
Skoská 14, Prague 1
M° Karlovo náměstí, Můstek ou Muzeum
☎ 22 23 10 44.
Lun., mar. et ven. 11h-23h, mer.-jeu. 11h-24h, sam. 13h-23h, dim. 17h-23h.

Avec ses tables et ses bancs en bois, ses jolies nappes, la décoration a des allures provençales. La cuisine est pourtant bien tchèque et fait rare, plutôt légère. Essayez le buffet de salades. Agréable salle au sous-sol.

U Pravdů★★
Žitná, 15
M° Karlovo náměstí, Můstek ou Muzeum
☎ 222 31 929
T. l. j. 11h-23h.

Adresse discrète, bien connue des employés du quartier où le patron accueille tout le monde chaleureusement. La carte est classique (testez, en hiver les soupes, consistantes et bon marché) avec parfois quelques curiosités (requin, kangourou). S'il fait beau, installez-vous sous l'agréable tonnelle intérieure.

Skořepka★★
Skořepka, 1
M° Můstek ou Narodní třida
☎ 24 21 47 15
T. l. j. 11h-24h.

Sympathique auberge aux allures campagnardes, toute décorée de bois, de vieux outils et même d'une vraie charrette ! On y prépare une cuisine locale des plus agréables, sans oublier les recettes traditionnelles. Plat du jour autour de 55 Kč, à la carte entre 70 et 160 Kč.

U Čížků ★★★
Karlovo náměstí, 34
M° Karlovo náměstí
☎ 22 23 22 57
T. l. j. 12h-15h30 et 17h-22h.

Dans un décor surchargé (tentures de velours, tapisseries) vous dégusterez une cuisine tchèque traditionnelle (viandes, gibiers et poissons), savoureuse, copieuse et digeste. Le tout arrosé d'une bière de Plzeň. Réservation conseillée.

Vinohrady

Rudý Baron★★
Korunní, 23
M° náměstí Míru
☎ 22 51 44 85
T. l. j. 11h-23h30.

La décoration de ce restaurant met à l'honneur les pilotes et les avions de la Première Guerre mondiale. Vous êtes sûr de déguster, ici, de la bonne viande et quelques plats de poissons. Réduction de 10% accordée sur présentation de votre licence de pilote, gratuit pour les enfants de moins de 120 cm.

Vinárna U Jiříka★★
Vinohradská, 62
M° Jiřího z Poděbrad
☎ 24 25 76 26
T. l. j. 11h-24h.

Prix raisonnables pour cette bonne adresse typiquement tchèque. Le service est long, mais soigné, la carte propose un grand choix de plats joliment présentés, copieux et raffinés. Les entrées que l'on vous présente sur plateau sont payantes, mais délicieuses.

Salons de thé, pâtisseries et cafés

Malá Strana

Kavárna Chimera
Lázeňská, 6
Tram 12, 22 arrêt Malostranké nám.
☎ 0606 321 967
T. l. j. 12h-24h.

Entre le pont Charles et l'Ambassade de France, le café est fréquenté par des jeunes. Tables et chaises dépareillées, canapés accueillants, tableaux d'artistes contemporains tchèques aux murs, ambiance décontractée et possibilité de grignoter des pâtisseries et des toasts.

Malostranská Kavárna
Malostranké náměstí, 5/28
Tram 12, 22 arrêt Malostranké náměstí
☎ 53 94 34
T. l. j. 9h-23h.

L'un des derniers grands cafés de Prague jadis fréquenté par Kafka. Les trois belles salles voûtées donnent sur la place Malostranska. Goûtez le café frappé (rarissime à Prague) et les pâtisseries, délicieuses.

V Karmelitské
Karmelitská, 20
Tram 12, 22, arrêt Malostranké nám.
☎ 900 580 67
Lun.-ven. 7h-19h, sam. 10h-19h, dim. 10h-20h.

Pour une petite pause entre deux visites. Des pâtisseries (*jablkový závin*, Apfelstrudel) et des coupes glacées. Méfiance cependant, lorsque les touristes sont trop nombreux, la qualité des produits baisse sensiblement.

U zeleného čaje
Nerudova, 19
Tram 12, 22 arrêt Malostranké nám.
☎ 57 53 00 27
T. l. j. 11h-22h.

Au cœur d'un quartier hautement touristique, voici une proposition de halte paisible, avec vue assurée sur la rue Nerudova. Grande carte de thés (verts, noirs ou infusions) comprenant quelques délicieuses préparations maison, servis dans de la céramique locale bleue et verte. Réconfortant en plein hiver.

Staré Město

Cafe Imperial
Nam. 14 října 16, Prague 5
M° Nám. Republiky
☎ 25 78 04 25
T. l. j. 11h-23h.

Dans cet étrange café fréquenté par les nostalgiques de la Ire République, les serveurs en noir et blanc se faufilent entre les colonnes. Quelques plats autour de 90 Kč. Concerts de jazz tous les jeu., ven. et sam. à 21h.

Café Divadlo na zábradlí
Aneňské náměstí, 5
M° Staroměstská
☎ 22 22 20 26
Lun.-ven. 10h-1h, sam.-dim. 16h-1h.

Sur la charmante petite place Anenské, découvrez le café du célèbre théâtre de Prague qui accueillit le mime Ladislav Fialka, élève de Marceau et Václav Havel, alors machiniste. Sur les murs, hommage aux comédiens tchèques, petite terrasse intérieure agréable et possibilité de restauration. Pour vous plonger dans une atmosphère vieux Prague, empruntez, en sortant du café, la sinueuse ruelle Stříbrná, aux pavés accidentés.

Café Konvikt
Bartolomějská, 11
M° Národní třída
☎ 24 23 24 27
Lun.-ven. 9h-1h, sam.-dim. 12h-1h.

Café du ciné-club de la FAMU (célèbre école de cinéma tchèque), vous remarquerez les photos en noir et blanc des stars internationales du cinéma. Prenez place dans la salle en contrebas, donnant sur une cour restaurée. La pièce au plafond voûté est grande et claire, et tranche avec les atmosphères enfumées. Ambiance étudiante

SALONS DE THÉ, PÂTISSERIES ET CAFÉS ■ 77

Týnská literární kavárna
Týnská, 6
M° Můstek, Staroměstská ou Náměstí Republiky
T. l. j. 10h-23h.

Communiquant avec la librairie beaux-arts attenante, ce café littéraire est particulièrement apprécié aux beaux jours, grâce à sa terrasse dans une cour tranquille aux peintures fraîches, à deux pas de la place de la Vieille Ville, juste à côté de la cour du Tyn (voir p. 63). Possibilité d'y manger quelques plats simples.

Odkolek
Rytířská, 12
M° Můstek
Lun.-ven. 7h-20h, sam. 8h-20h, dim. 10h-20h.

Dans un décor de bois naturel, de bleu et blanc, une adresse idéale pour un petit déjeuner de pâtisseries tchèques traditionnelles. À partir de 19h, on y fait la queue pour profiter des 30 % de réduction quotidiens sur les gâteaux. Commandez et payez au comptoir avant de vous installer.

Nové Město

Café Louvre
Národní třída, 20
☎ 29 76 65
T. l. j. 8h-23h.

Fermé sous le communisme, transformé en bureaux, puis restauré, le fameux Café Louvre (depuis 1902), autrefois fréquenté par un cercle d'intellectuels, dont Kafka et son ami Max Brod, a rouvert sa grande salle aux murs roses, aux garçons en tablier blanc et nœud papillon (service impeccable). Pour prendre un café, une pâtisserie et parcourir la presse internationale ou se restaurer.

La Tonnelle, bar à vin
Anny Letenské 18, Prague 2
M° Nám. Míru
☎ 22 25 36 90
📠 22 25 44 45
Lun.-ven. 15h-24h, sam. 17h-24h.

Premier bar à vin français de Prague situé dans le quartier bucolique de Vinohrady, ancien quartier des vignobles royaux. Servi au verre (à partir de 35 Kč) ou à la bouteille (à partir de 210 Kč) avec une assiette de fromage ou de charcuterie.

---

sage créée par un mobilier années 50 de récupération. Possibilité de grignoter.

Kavárna Obecní Dům
Náměstí Republiky, 5
M° Náměstí Republiky
☎ 22 00 21 11
T. l. j. 7h30-23h.

Le grand café de la Maison municipale est majestueux. Décoration Art nouveau comme il se doit : cristal, chromes et miroirs, serveurs en costume, chariot de desserts, *salónek* (petit cabinet) à l'écart pour internet, musique d'ambiance au piano et défilé de vieilles dames et de touristes éberlués… C'est un véritable ballet qui évolue dans un décor de luxe et que vous admirerez si vous allez vous asseoir au balcon. Petits déjeuners de 7h30 à 11h et plats toute la journée.

Map

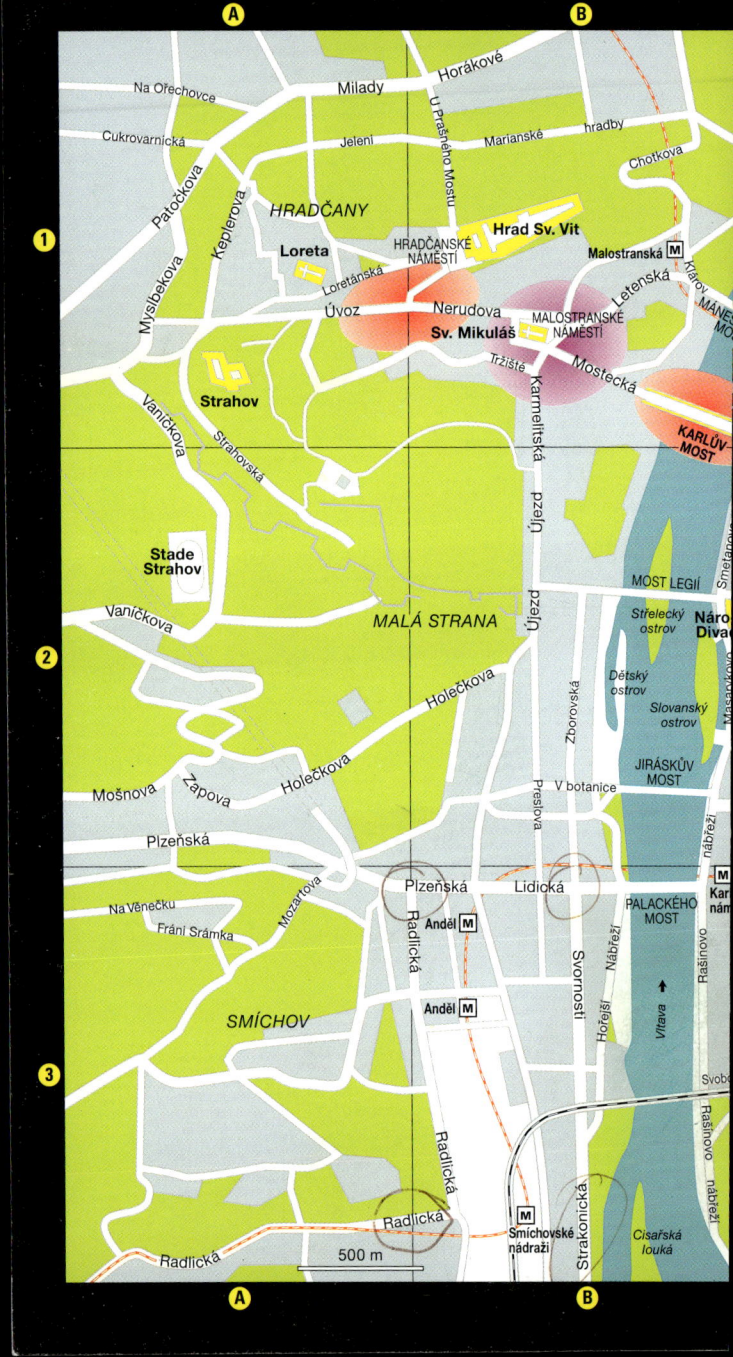

A — **B**

1
- Na Ořechovce
- Milady Horákové
- Cukrovarnická
- Jelení
- U Prašného Mostu
- Marianské hradby
- Chotkova
- Patočkova
- Keplerova
- **HRADČANY**
- **Loreta**
- HRADČANSKÉ NÁMĚSTÍ
- **Hrad Sv. Vít**
- **Malostranská** Ⓜ
- Loretánská
- Letenská
- Klárov
- Myslbekova
- Úvoz
- Nerudova
- **Sv. Mikuláš**
- MALOSTRANSKÉ NÁMĚSTÍ
- MÁNES...
- Tržiště
- Mostecká
- **Strahov**
- Vaníčkova
- Karmelitská
- **KARLŮV MOST**
- Strahovská

2
- **Stade Strahov**
- Vaníčkova
- **MALÁ STRANA**
- Újezd
- Smetanovo
- MOST LEGIÍ
- *Střelecký ostrov*
- **Národní Diva...**
- Holečkova
- *Dětský ostrov*
- *Slovanský ostrov*
- JIRÁSKŮV MOST
- Mošnova
- Zápova
- Holečkova
- Zborovská
- V botanice
- Přeslova
- Plzeňská
- nábřeží
- Plzeňská
- Lidická
- PALACKÉHO MOST
- **Karlovo nám.** Ⓜ
- Na Věnečku
- Radlická
- **Anděl** Ⓜ
- Svornosti
- Rašínovo nábř.
- Fráni Šrámka
- Mozartova

3
- **SMÍCHOV**
- **Anděl** Ⓜ
- Hořejší nábř.
- *Vltava*
- Radlická
- Svobo...
- Rašínovo nábřeží
- Radlická
- Strakonická
- *Císařská louka*
- Radlická
- **Smíchovské nádraží** Ⓜ

500 m

A — **B**

PRAGUE À LA CARTE ■ 79

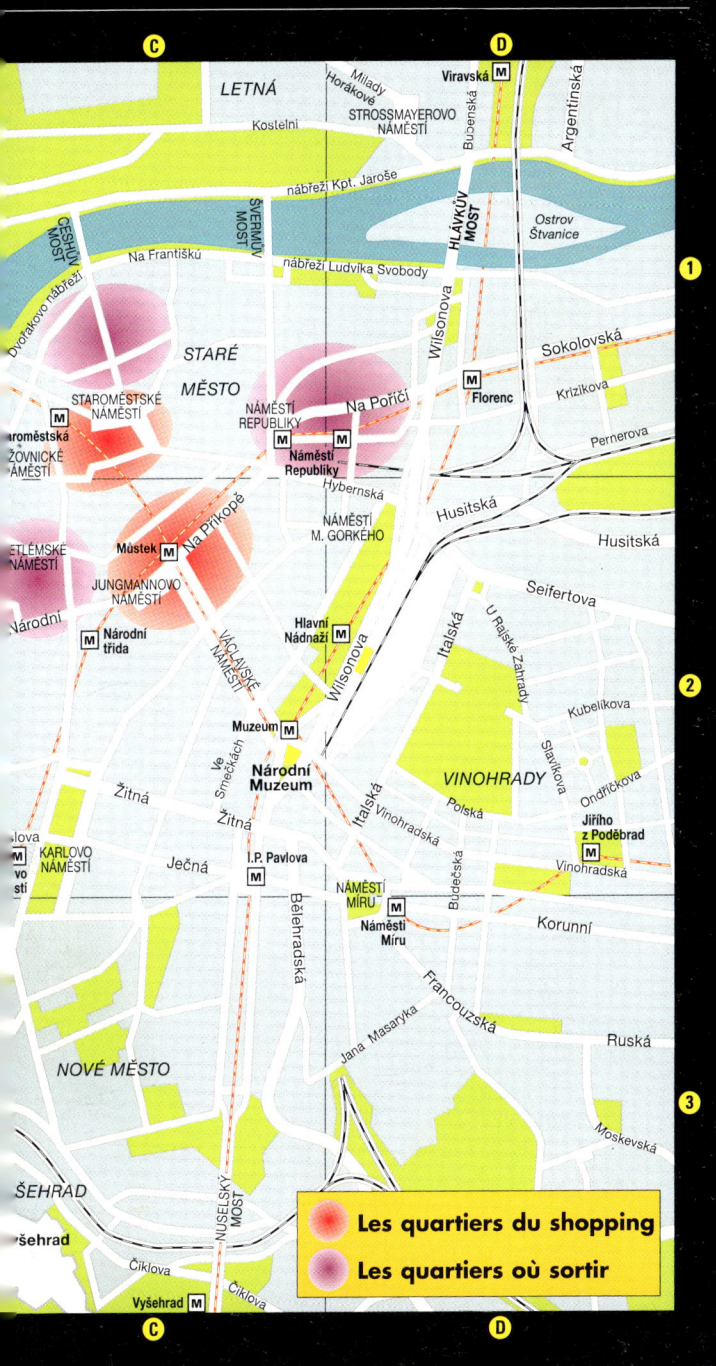

Les quartiers du shopping
Les quartiers où sortir

Shopping mode d'emploi

Prague est loin d'être une capitale où l'on se précipite pour faire son shopping. Hormis les spécialités bien identifiées, comme le cristal et le grenat où il est permis de faire de bonnes affaires, ce sera plutôt au hasard de vos balades que vous dénicherez l'objet rare chez un bouquiniste ou un brocanteur. Ici tout est plus provincial : profitez-en, le lèche-vitrine, la visite des boutiques et la rencontre avec les commerçants sont aussi une bonne façon d'apprendre à découvrir Prague.

HORAIRES D'OUVERTURE DES BOUTIQUES

Les petites boutiques tchèques sont généralement ouvertes très tôt le matin (dès 7h ou 8h) et ferment donc en fin d'après-midi (18h ou 17h, voire 16h le vendredi). Les commerces sont ouverts toute la semaine, du lundi au vendredi ou jusqu'au samedi midi. Ne soyez pas surpris de trouver porte close aux horaires d'ouverture habituels, une certaine souplesse latine est parfois de mise, sans justification apparente. Devant la fréquentation touristique, la tendance change cependant et de nombreux magasins restent ouverts au moins jusqu'à 19 h dans le centre-ville commerçant, sans pause à l'heure du déjeuner. Les bazars, quant à eux, ferment souvent très tôt (vers 16h) et presque toujours le week-end.

LES QUARTIERS DU SHOPPING

Les boutiques de souvenirs et d'artisanat se situent logiquement sur tous les circuits touristiques qui vont de la place de la Vieille Ville, vers le Château, en passant par la rue Karlova et sur le pont Charles. Repérez d'abord le prix d'un objet dans plusieurs boutiques avant d'acheter. Dans cette zone, les tarifs sont en effet très variables. Pour les magasins d'alimentation et de vêtements, sillonnez plutôt le bas de Vaclavské náměstí, le quartier de Národní třída aux alentours du centre commercial Tesco, le passage Myslbek dans la rue Na příkopě, la rue Železná et Celetná près de la place de la Vieille Ville.

OÙ FAIRE DU SHOPPING LE DIMANCHE ?

Sur Václavské náměstí, dans les rues Na příkopě, Železná, Národní třída, tout autour de la place de la Vieille Ville et dans le quartier de Malá Strana, la plupart des boutiques tchèques et toutes les succursales de marques étrangères sont ouvertes les samedis et dimanches jusqu'à 17h.

MARCHANDER

Les prix sont généralement affichés. Chez les antiquaires, brocanteurs ou bouquinistes, cette pratique est plus aléatoire. Dans ces cas-là n'hésitez pas à marchander. Il y a plusieurs tactiques mais la plus simple est de demander le prix de départ, puis de feindre l'épouvante jusqu'à ce que vous ayez obtenu un prix plus conforme à vos moyens. Si vous êtes patient, la remise peut aller jusqu'à 25% du prix annoncé.

COMMENT PAYER ?

De plus en plus de commerçants acceptent les cartes de paiement internationales, il suffit de regarder les autocollants affichés sur la porte d'entrée. Le plus souvent, vous n'aurez pas besoin de composer votre code, le vendeur vous donnera le ticket de caisse avec l'empreinte de votre carte à signer. Appliquez-vous car il vérifiera si votre signature est conforme à celle qui figure sur le dos de votre carte ! Sans plus de vérification, une carte volée est donc une véritable aubaine pour les voleurs.

En cas de perte de ou de vol de votre carte de paiement, téléphonez au centre d'opposition de Prague ☎ 236 66 88 ou pour les Mastercard ☎ 23 92 21 35, Visa et Diner's Club ☎ 236 66 88, American Express ☎ 235 24 68.

LES SOLDES

Les boutiques de vêtements, d'accessoires et de chaussures pratiquent des soldes (*sleva*) très intéressants à partir de la fin du mois d'août jusqu'en septembre-octobre (jusqu'à 50% de réduction), et quelques réductions après les fêtes de fin d'année.

DOUANE

Tout achat d'effets personnels et de cadeaux d'une valeur inférieure à 1 000 Kč est exempté de taxe douanière. Vous pouvez importer sans taxe 2 litres de vin, 1 litre d'alcool fort et 250 cigarettes.

Toute antiquité d'un montant supérieur à 500 Kč doit être déclarée à la frontière.

Pour les partitions et instruments anciens, vous aurez à payer une taxe de 20% et devrez demander une autorisation du musée des Arts Décoratifs (Ul. 17. listopadu 2, Prague 1, ☎ 510 93 111). Les antiquités ou les objets d'art vieux de plus d'un siècle sont plutôt rares et généralement difficiles à acquérir.

LES TRANSPORTEURS

Pour ramener en France vos achats très encombrants (meubles), vieux de moins de trente ans, vous pouvez faire appel à un transporteur, le

> ### SE REPÉRER
>
> Nous avons indiqué à côté de chacune des adresses des chapitres Shopping et Sortir leur localisation sur le plan p. 78-79.

prix est généralement fixé en fonction du volume. Vous devez vous munir d'une photocopie de votre passeport, une photocopie de votre facture, une lettre mentionnant que vous êtes touriste à Prague, une attestation du magasin et un inventaire de vos achats et de leur montant. Plus généralement, la facture d'achat est indispensable : elle pourra vous être demandée à la douane, elle vous sera utile si vous souhaitez revendre un jour ce que vous venez d'acheter ou si vous êtes victime d'un cambriolage pour compléter la déclaration à votre assureur.

Le transporteur **AGS** Prague est à votre disposition (charmant accueil francophone) :
Klíčany 67, 250 69 Vodochody
☎ 02 685 78 41
🖷 02 685 72 16
AGS Paris
☎ 01 40 80 20 20.

MODE FEMME

Si les nouveaux courants de la mode venaient de l'Est, ça se saurait… Quelques créateurs tentent cependant d'inverser la tendance locale des couleurs grisailles et des matières brutes vers un peu plus de légèreté et de gaieté : porter leurs vêtements n'est pas toujours une punition et qui sait si, bientôt, ils ne seront pas les locomotives de demain… Prenez un wagon d'avance à la recherche des nouvelles têtes de file !

Galerie MŮdy - Lucerna
Štěpánská, 61 (C2)
☎ 24 21 15 14
Lun.-sam. 10h-20h.

Dans une galerie aussi élégante, il semblait évident de présenter les nouvelles collections tchèques. Une vingtaine de créateurs sont exposés au premier étage et vous donnent d'emblée la température de ce qui se fait : des couleurs sombres entre marron et noir, beaucoup de lin et de matières naturelles. Entre deux créations très « travaillées », il est possible de trouver des petites robes de soirée plus discrètes et tout à fait ravissantes (de 2 000 à 2 500 Kč) ou un tailleur pantalon aux formes sobres (3 990 Kč). Après vos achats, et pour ne pas quitter les lieux aussitôt, prenez un verre, le nez dans les portemanteaux, dans le sympathique petit café de la galerie (*Café Galeria*). Vous constaterez que le déplacement valait de toute façon la peine pour la vue privilégiée sur les détails Art nouveau de la galerie Lucerna (voir p. 55).

Piano boutique
Národní, 37 (C2)
☎ 24 21 32 82

Un goût très sûr dans le choix des vêtements proposés, plutôt sages mais avec un brin de fantaisie tchèque. On se laisse tenter par les robes (3 500 Kč), les pulls légers à la maille fine d'Hana Markov á (1 200 Kč) et les très beaux sacs à main en cuir, de toutes tailles de Marcela Kotěšovcová (de 3 000 à 4 000 Kč).

Modes Robes
Benediktská, 5 (C1)
☎ 24 82 60 16
Lun.-ven. 10h-19h, sam. 10h-16h.

MODES ROBES

ODĚVY A DOPLŇKY, MINIGALERIE
BENEDIKTSKÁ 5
110 00 PRAHA 1
tel.: (4202)2322461

Les robes sont chiffonnées et serrées les unes contre les autres sur leur cintre, et le tout ne paie pas de mine. Mais en fouinant un peu, on trouve des imprimés amusants, même si les coupes restent très sommaires (de 1 200 à 1 600 Kč).

Black Market
Soukenická, 1 (C1)
Lun.-ven. 12h-19h, sam. 10h-17h.

Tout un stock de dégriffés sur plusieurs niveaux où, là encore,

MODE FEMME ■ 83

il faut fouiller pour dénicher la bonne affaire, perdue entre les lunettes de soleil (90 Kč) et le boa (590 Kč). Choisissez les robes en nylon ou les pantalons forme tulipe, tout ou presque est à 590 Kč.

Devata vlna
Saská ulice (B1)
☎ 29 41 71
T. l. j. 11h-19h.

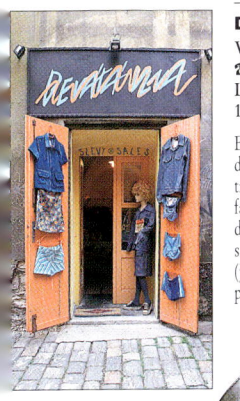

Enfin des couleurs vives et gaies ! Du rouge, du jaune et du orange, des matières synthétiques et brillantes, des sacs à main en plastique... Ouf, un peu d'air ! Même si on n'entre que pour une paire de collants (400 Kč), on prend plaisir à regarder le monde en orange.

Pierrot
Karolíny Světlé, 19 (B2)
☎ 06 02 22 42 44
Lun.-jeu. 10h-16h, ven. 10h-16h.

Dans cette toute petite boutique, que l'on remarque à peine, se vendent des bas et des collants fantaisie, à rayures, écossais, aux couleurs éclatantes ou mailles plus discrètes (environ 500 Kč).

Delmas
Vodičkova, 36 (C2)
☎ 24 23 91 32
Lun.-ven. 9h-19h, sam. 10h-17h.

Envie d'un accessoire ? Courez dans cette boutique où vous trouverez des sacs à main de fabrication tchèque, mais inspirés de la mode italienne. Selon les saisons, les couleurs sont vives (jaune, bleu, vert ou orange) ou plus discrètes (marron, noir ou verni), les formes classiques ou franchement originales. Les prix sont raisonnables (1 500 à 3 500 Kč) et les finitions soignées.

CHAPEAUX, COUVRE-CHEFS ET BIBIS : UNE SPÉCIALITÉ PRAGOISE

On ne fête pas les Catherinettes à Prague mais on n'a jamais cessé de fabriquer des chapeaux pour les soirées ou pour tous les jours, pour se protéger du froid ou du soleil. De cette tradition naissent de très jolis bibis aux formes originales ou classiques, en feutre (environ 1 500 Kč) ou en paille naturelle (environ 800 Kč). Une bonne adresse : Model Praha Družstvo (Václavské nám. 28, C2,. ☎ 24 21 68 05. Lun.-ven. 9h-19h, sam. 10h-17h). Cette boutique est des plus accueillantes et les vendeuses, très serviables et sympathiques, vous mettront à l'aise pour parler chapeaux... fabriqués maison, bien sûr.

MODE HOMME

À moins que vous ne vouliez à tout prix vous déguiser en représentant de commerce du temps de la glasnost, vous ne trouverez pas de quoi refaire votre penderie à Prague. Rabattez-vous plutôt sur les accessoires (cravates, ceintures…). Pour les nostalgiques de la mode des *seventies*, la ville réserve d'ailleurs de très bonnes surprises à des prix abordables, soit que vous détourniez un vêtement neuf, soit que vous fouiniez dans les boutiques d'occasion.

Karpet
Nerudova, 18 (B1)
☎ 533 98 23
T. l. j. 8h-20h.

En montant au Château par la rue Nerudova (voir p. 48), vous ne manquerez pas de passer devant la boutique de ce chapelier. Du feutre au chapeau de paille, de la casquette au canotier (de 200 à 650 Kč), les couvre-chefs sont classiques et élégants et nous font regretter que la mode ne soit pas autant suivie en France qu'à Prague (modèles femmes et enfants également).

O. P. Prostějof
Vodičkova 33, Prague 1 (C2)
☎ 21 61 51 52
Lun.-ven. 9h-19h, sam. 10h-18h.

Référence du prêt-à-porter masculin tchèque, cette ancienne maison est très apprécié pour ses costumes. Prostějof signe des ensembles deux ou trois pièces, flanelle, laine ou coton aux couleurs sobres, noir, bleu marine ou gris anthracite (de 6 000 à 9 000 Kč). Quelques modèles de cravates de confection tchèque (200 Kč).

Los Hadros
Víta Nejedlého 3, Prague 3 (hors plan)
☎ 22 71 32 52
Lun.-ven. 11h-20h.

Los Hadros signifie « les torchons » en tchéco-espagnol, ce qui explique peut-être pourquoi on y vend des fripes aux couleurs bariolées. Les chemises pour hommes sont dans le plus pur style années 70, coton et synthétique, à pois ou à fleurs, et vous les assortirez d'un pantalon rouge ou vert ! Fripes femme aussi.

MODE HOMME ■ 85

King Charles
Dlouhá tr., 31 (C1)
☎ 231 05 60
Lun.-jeu.10h-19h.

Non-fumeurs : abstenez-vous !
Ici, tout est consacré à l'art du
tabac et au plaisir de fumer la
pipe. Les amateurs pourront
choisir parmi une belle sélection
de modèles en bois (de 850 à
120 Kč), à garnir avec du tabac
local (en paquet ou dans une
boîte en métal).

propose des articles très
classiques en coton (de 800 à 1
300 Kč) ou, pourquoi pas, un
pyjama en « pilou-pilou »,
confortable, mais plus que rétro
(environ 600 Kč) !

Bata
Václavské nám., 6 (C2)
☎ 24 21 81 33
Lun.-ven.
9h-21h,
sam. 9h-18h,
dim. 10h-18h.

Habillé, décontracté
ou sportif, tous les styles
de chaussures pour hommes
sont réunis dans cette célèbre
maison (voir p. 52).
Un étage entier est consacré
aux chaussures de sport, un
autre, aux chaussures de
marche, et le dernier, aux
chaussures de ville, où
vous trouverez d'autres
marques que Bata.
Vous apprécierez
également la visite pour
la vue dégagée sur la
place Vaclavské qu'on
a au dernier étage
(chaussures femme et
enfant, également).

Dům Módy
Václavské nám., 58 (C2)
☎ 96 15 81 11
Lun.-ven. 9h-20h, sam.
9h-16h.

Inutile d'espérer vous refaire
une garde-robe dans ce temple
de la mode tchèque.
Abandonnez aussi l'idée de
rapporter des costumes élégants
et bon marché. Londres est à
des années lumières !
Si vous y tenez vraiment,
regardez au rayon chemises la
marque tchèque Janek qui

Delmas
Vodičkova 36,
Prague 1 (C2)
☎ 96 23 69 23
Lun.-ven. 9h-19h,
sam. 10h-17h.

Maroquinier présentant une
très belle gamme d'articles en
cuir de fabrication tchèque.
Si les modèles restent
classiques, le travail est très
soigné et les finitions sont
de qualité. De nombreux
porte-documents marrons
ou noirs (environ 4 000 Kč),
serviettes pour bloc-notes

« L'IMPORTANT, C'EST LA ROSE... »

Vous vous étonnez de croiser
tant de jeunes femmes une
fleur à la main, un jeune homme
au bras ? Sachez qu'en ce pays,
la tradition, très respectée, est
d'offrir une fleur (une rose de
préférence) à celle avec qui
vous passez la soirée. Si vous
omettez cette délicate attention,
rien ne sert d'emmener votre
belle dans le restaurant le plus
chic de Prague, elle ne sera
pas comblée ! À acheter
avant le rendez-vous dans un
des nombreux kiosques à fleurs
de la ville.

(2 500 Kč), des portefeuilles
(985 Kč) et des ceintures.
Presque cachées au fond du
magasin, vous trouverez aussi
quelques cannes (900 Kč).

POUR LES TOUT-PETITS

Si vous voulez jouer au Père Noël ou plutôt à Santa Mikulas, vous pourrez remplir votre hotte en faisant votre shopping à Prague. Vous émerveillerez vos enfants avec des jouets simples et traditionnels (rien à voir avec les jeux électroniques), comme des marionnettes en bois peint, classiques, indémodables.

Art Dekor
Passage Adria (C2)
☎ 244 94 630
Lun.-ven. 10h-18h, sam.-dim. 10h-16h.

Est-ce le mélange des styles de la galerie (Sécession) et du palais Adria (rondocubiste), juste au-dessus, qui inspirent le créateur de ces animaux fantastiques en tissus ? Des éléphants à petits pois, des lapins à rayures, des rhinocéros à fleurs, des plus petits aux plus grands, ce sont tous des pièces uniques et faites main (de 150 à 400 Kč). Vous trouverez aussi, coordonnés à la peluche que vous adopterez et dans les mêmes coloris de tissus, des dessus-de-lit matelassés pour enfants.

peint attendent sagement, en l'air, la visite des acheteurs (293 Kč). D'autres jouets en bois, tout aussi amusants ou simplement décoratifs, attirent l'œil par leurs couleurs vives. Il y en a pour tous les prix.

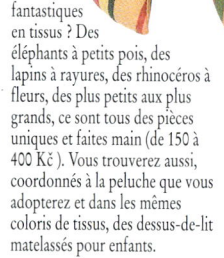

Hračky Kid-Trnka
Ostrovní, 21 (C2)
☎ 29 67 53
Lun.-ven. 10h30-19h, sam. 11h-16h.

Dans la boutique à devanture jaune, portant fièrement le nom du célèbre marionnettiste tchèque, des mobiles en bois

Krokodil
Bartolomějská, 3 (C2)
☎ 24 22 81 01
Lun.-ven. 10h-18h, sam. 9h-12h.

Chez Krokodil, il n'est question que de trains électriques et de gares. On y vend les marques tchèques Žerba (wagons de 530 à 850 Kč) et Vacek (wagon Budweiser, à 650 Kč), ainsi que des marques étrangères, tels les luxueux wagons autrichiens Rocco (de 850 à 3 000 Kč). On y découvre aussi des sujets animés en métal et tout ce qu'il faut pour décorer votre réseau.

Pecka - Modelář

Karoliny Světlé, 3 (B2)
☎ 232 34 45
☏ 24 23 01 70
Zlanická, 4 (C1)
☎ 232 34 45
☏ 232 90 79
Lun.-ven. 10h-18h,
sam. 9h-12h.

Les amateurs de modélisme seront curieux de découvrir les marques tchèques, plus rares et moins chères que leurs concurrentes. Que diriez-vous d'une Škoda Favorit (la très populaire voiture tchèque), version rallye 96, à construire, pour 72 Kč ? Quant à ceux qui ont déjà la tête en l'air, ils trouveront des planeurs à monter. Pour le matériel, demandez s'il y a des soldes, de peinture par exemple.

Modely

Havelské, 10 (C2)
☎ 24 23 01 70
Lun.-ven. 9h-18h, sam. 9h-16h.

Un petit paradis du modèle réduit. Dans les vitrines, des voitures de toutes les marques ; certaines, en métal, sont alignées avec soin comme pour un concours d'élégance. Les amateurs, après s'être fait donner de précieux renseignements, trouveront certainement un modèle original à rapporter, comme cette vieille Tatra (2 200 Kč).

Galerie U Zravýho Kocoura

Palackého 11, Prague 1 (C2)
☎ 24 94 73 81
Lun.-ven. 10h-18h, sam. 10h-15h.

Pour dénicher de petits tableaux d'inspiration naïve aux couleurs gaies. Très décoratifs, certains sont déjà encadrés ; vous pourrez aussi choisir parmi des dessins ou des reproductions. Quelques peintures sur verre conviennent parfaitement aux murs des chambres d'enfants. Les motifs sont variés (de l'arche de Noé aux animaux de la ferme) et les prix vont de 400 à 5 000 Kč.

Prodejna

Karlova, 23 (C1)
☎ 26 18 82
Lun.-sam. 10h-18h.

Ce magasin, perdu au cœur de la rue Karlova et de ses boutiques touristiques, rassemble un grand nombre de jouets fabriqués en République tchèque. Nos préférés : une salle à manger miniature en bois naturel ou peint (1 350 Kč), des petits personnages traditionnels tchèques (de 200 à 400 Kč) ou encore une crèche avec ses animaux et sa grange.

Balet

Karolíny Světlé, 22 (B2)
☎ 22 22 10 63
Lun.-ven. 10h-18h.

Dans cette vieille boutique, située près de la Vltava, les tutus, suspendus au plafond, abritent de la lumière les pointes, les collants roses et les cache-cœurs. Un univers de danse très classique pour petits rats appliqués qui trouveront chaussons à leurs pieds (379 Kč) et craqueront pour un nouveau juste-au-corps (de 400 à 650 Kč).

UN DIABLE, UN ANGE ET MIKULÁŠ

Le 5 décembre, Mikuláš (saint Nicolas) parcourt les rues de Prague à la rencontre des enfants. Accompagné d'un diable rouge et d'un ange, il distribue des friandises aux enfants sages. À la tombée de la nuit, les petits Praguois regardent passer des cortèges de Mikuláš paradant au son des pétards lancés sur leur passage. Mais gare à ceux qui ont fait des bêtises et qui ne sauront pas réciter une poésie au saint patron. Ils ne recevront que des pommes de terre et du charbon !

INSTRUMENTS DE MUSIQUE ET DISQUES

À une tradition musicienne qui remonte au Moyen Âge, la République tchèque ajoute celle de la fabrication d'instruments qui ont une excellente réputation. Les cuivres sont assez bon marché. Vous pourrez ainsi vous constituer une fanfare à 20 ou 30 % moins cher qu'en France. Du côté des occasions il y a aussi des affaires à faire et vous tomberez sans doute sous le charme des cordes d'un ancien violon de Bohême.

Amati - Denak
U Obecního domu (C1)
☎ 22 00 23 46
Lun.-ven. 10h-18h.

Accolé à la Maison Municipale, voici un magasin spécialisé dans les cuivres et instruments à vent neufs, en provenance des ateliers Amati Kraslice. Vers 1550, les premiers ateliers de fabriquents d'instruments se sont installés dans l'ancienne ville minière de Kraslice, une tradition qui se perpétuera plus de 400 ans. Clarinettes, saxophones, trompettes, hautbois, cors d'harmonie et d'autres encore comme la *piccolo trumpet* (voir plus bas) attendent leur maître.

Guitar Parc
Jungmannovo náměstí, 17 (C2)
☎ 24 22 25 00
Lun.-ven. 9h-19h, sam. 9h-15h.

Ne serait-ce que pour le choix de flûtes, le magasin vaut le détour. Vous pourrez également choisir parmi les instruments à cordes et à vent, les percussions, les guitares et les pianos ou plus simplement parcourir les partitions. L'entrée est au premier étage.

Martin Kukla - Blues
Štěpánská, 61, Passage Lucerna (C2)
☎ 24 21 70 77
Lun.-ven. 10h-19h.

C'est en République tchèque que l'on fabrique la *piccolo trumpet*, autrement dit la plus petite trompette du monde. Minuscule, elle ressemble à un jouet magnifique aux reflets chromés, mais lorsqu'elle souffle pour la musique baroque, ce n'est plus un jeu d'enfant ! Vous la trouverez chez Martin Kukla dans son coffret à 5 600 Kč, juste à côté des guitares sèches et électriques, des saxos, en vente neufs ou d'occasion.

Praha Music Center
Revoluční, 14 (C1)
☎ 231 16 93
Lun.-ven. 9h-18h.

Praha Music Center réunit une grande sélection d'instruments en cuivre. Vous pensiez vous initier prochainement à l'art difficile du saxo, rendez visite à des spécialistes qui sauront conseiller votre achat. Entre tubas et cornets, la *piccolo trumpet* s'affiche ici à 10 400 Kč.

COMPLÉTEZ VOTRE DISCOTHÈQUE

Les CD classiques sont bien meilleur marché qu'en France, même si le choix des interprétations est moins étendu que dans votre Fnac habituelle. Contrairement à une idée reçue, les enregistrements sont souvent de qualité. C'est l'occasion d'enrichir votre discothèque sans vous priver. Voici quelques adresses où vous trouverez un grand choix.

Supraphon (classique)
Jungmannova, 20 (C2)
☎ 24 94 87 19
Lun.-ven. 9h-19h, sam. 9h-13h.
Popron Megastore (classique au sous-sol et rock)
Jungmanova, 30 (C2)
☎ 24 94 86 76
Lun.-ven. 9h-20h, sam. 9h-19h, dim. 9h-18h.

Capriccio
Újezd, 15 (B2)
☎ et 🖷 53 25 07
Lun.-ven. 9h-18h, sam. 10h-14h.

Des pages et des pages de partitions pour un très grand nombre d'instruments, des versions classiques ou débutants, de la musique classique à la pop, avec une préférence particulière pour le jazz, les musiciens apprécieront cette visite. Des CD sont également en vente.

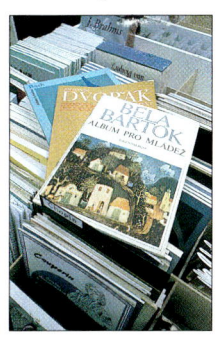

Hudební nástroje Jakub Lis
Náprstkova, 10 (C2)
☎ 22 22 11 10
Lun.-ven. 10h-19h, sam.-dim. 10h-17h.

Comment expliquer l'engouement des Tchèques pour la musique country américaine ? Il s'agit de plus qu'une simple mode pour un courant musical : paroles en tchèque, vestes à franges, blondes pulpeuses décolorées et hospoda façon saloon. Si la curiosité vous pousse, voyez dans ce magasin les instruments à cordes, d'occasion ou plus anciens, pour musique folk et country (achat et vente). À côté des CD, vous trouverez aussi des programmes de concerts et soirées.

U Sv. Martina
Martinská, 4 (C2)
☎ et 🖷 26 65 15
Lun.-ven. 10h-13h, 14h-18h, sam. 10h-19h.

Vous trouverez chez ce spécialiste des instruments de Bohême neufs et d'occasion, un accueil charmant et plein de conseils de vrai connaisseur en violons et accordéons. De nombreux violons encore en magasin sont déjà vendus, mais n'hésitez pas à vous renseigner sur celui qui vous intéresse, au moins pour savoir où en trouver un autre.

BIJOUX ET CRISTAL

Des pierres, de l'argent, des brillants, des perles, un méli-mélo de toc et de vrais bijoux à dénicher dans la ville dorée. Entre le vraiment kitsch et le faussement chic, à vous de choisir ce qui vous plaît pour étinceler autant que Prague ! Et pour illuminer votre table, n'oubliez pas de rapporter un service de verres en cristal.

Halada
Karlova, 25 (C2)
☎ 24 23 89 28
T. l. j. 9h-19h.

Avant d'arriver au pont Charles, faites donc une halte. Ici sont exposés les plus beaux bijoux en argent de Prague. Des boucles d'oreille (1 300 Kč), des bagues toutes simples ou délicatement travaillées (de 400 à 1 700 Kč) et des pendentifs assortis (2 000 Kč), en argent brillant ou mat, sertis ou non de pierres. Vous aurez du mal à faire votre choix. Des bijoux stylisés aux lignes épurées, une façon délicieuse de se laisser passer la bague au doigt, pour un prix raisonnable !

Nikkita & Inkognito
Vodičkova 20 (C2)
☎ 0602 613 481
Lun.-ven. 11h-19h.

Dans leurs petits cadres de bois, les collections de colliers Inkognito font danser les couleurs de perles fantaisies montées sur fil de métal (à partir de 190 Kč). Quelques modèles uniques de jupes (1 500 Kč) et de robes (2 000 à 3 000 Kč) de la marque Nikkita très réussis aussi. Entrée dans le passage Novoměstská.

East Art Gallery
Václavské náměstí 23 (C2)
T. l. j. 10h-20h.

Pouvoirs magiques, symbole de fécondité, effets bénéfiques sur la santé, on prête à l'ambre jaune des vertus fantastiques. De nombreux joailliers pragois travaillent l'ambre, le plus souvent en provenance de la région Baltique. Attention aux imitations ! Pour vérifier la qualité, frottez les morceaux, l'ambre s'électrilise facilement et dégage une odeur. Dans cette boutique, comptez entre 2 000 et 4 000 Kč pour un grand collier.

Stříbrné šperky

Václavské náměstí, 19 (C2)
☎ 24 21 36 27
T. l. j. 10h-19h, dim. 10h-18h.

Fausses perles de culture, perles de verre de toutes les couleurs, pendeloques à mille brillants, succès garanti pour un effet kitsch ou bariolé (environ 200 Kč le collier). Tout est en toc, mais ça brille, alors après tout, pourquoi pas ?

Tesco

Národní třída, 26 (C2)
Lun.-ven. 8h-20h, sam. 9h-18h, dim. 10h-18h.

Vous trouverez au rez-de-chaussée de ce magasin des bijoux fantaisie à très bon marché, surtout des colliers en métal et en perles, des bagues, des boucles d'oreille et des pendentifs en plastique, pour environ 80 Kč. Dans le même rayon, n'hésitez pas à renouveler votre collection d'élastiques, de pinces et barettes à cheveux, mode femme ou façon fillette, pour trois fois rien.

Granát Turnov

Dlouhá, 28-30 (C1)
☎ 231 56 12
Lun.-ven. 10h-17h, sam. 10h-13h.

Provenant directement de la coopérative artisanale de Turnov, cette boutique offre un large choix de grenats, montés sur or, sur platine ou sur argent.

Les modèles sont classiques, mais les prix sortie d'usine sont effectivement très compétitifs : environ 1 500 Kč la bague de grenats montés sur argent ou platine, et 2 700 Kč, celle en or.

Crystalex

Malé náměstí, 6 (C1)
☎ 24 22 84 59
T. l. j. 10h-20h.

Cette boutique nichée sous les arcades offre des vitrines étincelantes de cristal à un bon rapport qualité-prix. Vous apercevrez des pièces très classiques, taillées, gravées ou colorées (1 800 Kč les verres taillés) mais aussi des services de cristal aux formes plus modernes et faciles à vivre (700 Kč environ les six verres à pied).

Reconnaître le cristal de qualité

Un cristal de qualité se reconnaît à son toucher agréable, à sa solidité et à la pureté de ses éclats aux couleurs de l'arc-en-ciel. Sur les verres taillés, il faut observer la régularité et la netteté des bords, et vérifier l'absence de petites bulles ou autres défauts. S'il y a des rayures, des passages rugueux ou ternes, le cristal est de qualité médiocre. Lorsqu'un verre n'a pas été taillé à la main, une fine rainure est visible et sensible au toucher sur toute la longueur du pied, et forme quelquefois une petite bosse à la base, trace de fabrication en série. Enfin, à savoir : un verre fait main ne saurait être parfaitement géométrique ; chaque pièce est unique et présente d'infimes particularités.

Detail

Melantrichova 11 (C2)
☎ 24 21 05 94
Lun.-ven. 10h-18h.

Dans les cinq boutiques Detail de Prague, vous ne trouverez que des bijoux en argent, de belles créations modernes et stylisées, parfois serties de pierres semi-précieuses : pendentifs, colliers, broches et jolies bagues en argent mat autour de 1 000 Kč. À noter, l'utilisation du grenat, qui se marie parfaitement aux bijoux modernes.

Papeteries

Si vous aimez le style années cinquante, alors foncez dans les papeteries tchèques et faites le plein pour trois fois rien ! Carnets de toute taille, un peu kitsch, avec leurs couvertures aux motifs naïfs ou Art déco, cahiers en papier recyclé, vous trouverez ici une foule de petits cadeaux à rapporter. Les amateurs de peinture seront également comblés avec du matériel à des prix intéressants.

Papírnictví
Mikulandská, 7 (C2)
☎ 90 05 50 76
Lun.-ven. 9h-18h
Papírnictví, Miroslav Zunt
Malostranské nám., 27
Lun.-ven. 8h30-18h, sam. 9h-13h.

Pour rester dans la tendance rétro, ces deux adresses de papeteries de quartier sont imbattables. Le choix est moins important qu'en supermarché, mais c'est bien plus amusant d'acheter un carnet à une couronne dans l'atmosphère surannée et un peu poussièreuse de ces petites boutiques.

Tesco
Národní třída, 26 (C2)
☎ 22 00 31 11
Lun.-ven. 8h-20h, sam. 9h-18h, dim. 10h-18h.

Pour la papeterie locale, rendez-vous au 2e étage. Au programme dans les rayons, le traditionnel assortiment de petits carnets et de cahiers en papier recyclé, de la pâte à modeler, des cahiers de coloriage et des stylos de toutes sortes. Ensuite, dirigez-vous vers le rayon papiers et emballages, on y trouve de bonnes idées : papier imprimé ou doré (de 17 à 27 Kč), pochettes cadeaux (de 6 à 14 Kč), nœuds à coller en papier mat jaune, ocre ou rouge (10 Kč)...

Mc Paper & Co
Dukelských hrdinů, 39 (D1)
Tram 12 et 7, arrêt Štrossmayerovo nám.
☎ 33 38 00 02
Lun.-ven. 8h30 - 18h30, sam. 9h-12h.

Le principe de cette boutique est le self service : vous prenez (obligatoirement) un panier et vous servez. Du coup, vous pouvez prendre tout votre temps et flâner dans les rayons. On y trouve les mêmes articles qu'à Tesco, mais un peu moins chers.

Object Gift Shop
U lužického semináře, 19 (B1)
☎ 573 180 56
T. l. j. 10h-20h.

Ce n'est pas une papeterie, mais on vend ici toutes sortes d'objets en papier ou en carton : des pantins à fabriquer soi-même (60 Kč), des cahiers, des herbiers, des albums, de charmants petits cadres (72 Kč), en bois naturel ou peint (de 125 à 170 Kč) ou encore des albums photos recouverts de tissus aux couleurs vives (entre 175 Kč et 370 Kč).

Boutique du Musée des Arts Décoratifs
17 Listopadu, 2 (C1)
☎ 24 37 32 64
T. l. j. 10h-18h, f. lun.

Dans cette minuscule boutique, coincée sous l'escalier qui

PAPETERIES

conduit au musée, vous trouverez des cahiers et des carnets de bonne qualité, aux motifs Art déco, comme ce cahier grand format aux pages de papier recyclé bleu sur lesquelles vous pourrez coller vos photos et cartes postales de Prague (95 Kč).
Un conseil : avant de partir, n'hésitez pas à grimper l'escalier qui conduit aux toilettes pour profiter de la vue unique sur le vieux cimetière juif !

Des personnages volent au-dessus du pont Charles, Kafka erre dans les rues... Et comme rien ne lui échappe, il vante aussi la bière et la joie de vivre à Prague. Attention, de nombreuses boutiques de souvenirs exagèrent leurs prix.

Zlatá Loď
Náprstkova, 4 (C2)
☎ 22 22 01 74
F 260 855
Lun.-ven. 9h30-18h, sam. 10h-17h.

Cartes Unicef
Národní, 20 (C2)
☎ 24 48 45 51
Mar.-mer. 13h-17h.

Si vous désespérez de l'humour et du goût des cartes de vœux tchèques, il vous reste celles de l'Unicef. Choisissez dans la vitrine sur la rue celle qui vous plaît et dirigez-vous dans le petit couloir jusqu'au guichet où l'on vous servira.

Design Fun Explosiv
Perlová, 1 (C2)
☎ 21 66 72 59
T. l. j. 10h-18h.

Les petits dessins stylisés de Jiří Votruba sont partout. Depuis 1990, il illustre à tour de bras une multitude de souvenirs et gadgets « afin, dit-il, de montrer au public l'histoire et la culture de Prague de façon non conventionnelle ».

Une bonne adresse pour acheter du matériel à des prix avantageux, mais aussi pour tester les marques tchèques comme Toison d'or (269 Kč les 48 pastels à l'huile, 789 Kč la boîte en bois à aquarelle de 24 couleurs).

Altamira
Jilská, 2 (C2)
☎ 24 21 99 50
Lun.-ven. 9h-19h, sam. 10h-17h.

Impossible de faire plus de deux pas dans cette boutique. Les articles sont entassés les uns sur les autres dans un désordre savamment organisé. Le client est prié de ne toucher à rien et devra demander pour être servi. On y vend tout le matériel de base pour les Beaux-Arts : peinture, aquarelle, sculpture, modelage...

DES CRAYONS DE TOUTES LES COULEURS

Rien à voir avec le célèbre diamant ! Koh-i-Noor est une gamme de crayons ou fantaisie, de très bonne qualité et bon marché, fabriquée en province, à České Budějovice. Compter 3 Kč le crayon à papier, 127 Kč la boîte en bois de 10 crayons, 135 Kč le pot de 10 crayons de couleur, 427 Kč le pot en forme de gros crayon contenant des crayons de couleurs, des crayons de pastel pour enfant (29 Kč les 12)... La marque est présente dans la plupart des papeteries de Prague.

GRANDS MAGASINS ET MARCHÉS

Électroménager, jardinage ou habillement, tendance Prisunic plutôt que Galeries Lafayettes, les grands magasins sont une visite de pure curiosité, dont vous apprécierez particulièrement le rayon alimentation. Quant aux marchés pragois, ils regorgent de produits de toutes sortes, présentés dans un joyeux désordre. Ici, ce qui compte, c'est la qualité plus que l'élégance ou le charme des produits, et l'on se rend au marché parce que c'est pratique et surtout moins cher.

GRANDS MAGASINS

Tesco
Národní třída, 26 (C2)
☎ 22 00 31 11
Lun.-ven. 8h-20h, sam. 9h-18h, dim. 10h-18h.

Le magasin où l'on trouve (presque) tout. Très fréquenté par les expatriés pour la diversité et la qualité du rayon alimentation situé au sous-sol : produits tchèques, bio et aliments importés de l'Ouest. C'est un peu plus cher qu'ailleurs, mais tout à fait justifié (excellente boulangerie version tchèque et française). Au rez-de-chaussée, jetez un coup d'œil aux sacs à main (de 1 500 à 3 000 Kč en cuir) et aux chapeaux (100 Kč, en paille). Au rayon hi-fi, du quatrième étage, grand choix de cassettes vierges très bon marché (voir aussi la papeterie p. 92).

Kotva
Náměstí Republiky, 8 (C1)
☎ 24 80 11 11
Lun.-ven. 9h-20h, sam. 9h-18h, dim. 10h-17h.
Construit dans les années soixante-dix, Kotva était l'un des centres commerciaux les plus importants d'Europe centrale. Aujourd'hui, si l'on excepte le rayon alimentation du sous-sol, il semble un peu démodé et sans grande gaieté. Faites un tour dans les étages (vaisselle, vêtements, librairie...) et profitez de cette curieuse visite pour ramener un stock de barrettes fillettes (de 15 à 50 Kč).

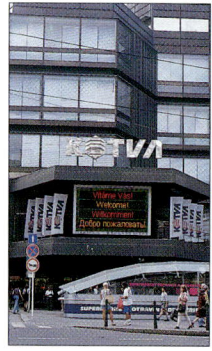

Krone
Václavské náměstí 21, Prague 1 (C2)
☎ 24 23 04 77
Lun.-ven. 8h-19h, sam. 8h-18h, dim. 10h-18h.

À mi-chemin sur la grande avenue Václavské se dresse le grand magasin *Krone*. Les étages

GRANDS MAGASINS ET MARCHÉS ■ 95

LES « NOUVELLES GALERIES » DE PRAGUE

Typiques de l'atmosphère commerçante de Prague, les pasaz (galeries) ont retrouvé une nouvelle vie. Les boutiques luxueuses d'autrefois ont cédé la place aux grandes marques étrangères et aux commerces locaux. Ne manquez pas de traverser les deux plus belles galeries Sécession, dernièrement restaurées : celle du Palais Koruna (1910-14), Václavské Náměstí, (C2) et celle du Palais Adria (1923-25), Národní třída 40 (C2), somptueusement illuminées le soir. Au cours de votre lèche-vitrines, laissez-vous porter par la beauté des lieux et admirez les chromes, les miroirs, le marbre et les coupoles de verre.

mode femme, homme et enfant ne sont pas d'un grand intérêt, mais vous trouverez aussi un tout petit rayon papeterie, quelques bijoux fantaisie très bon marché au rez-de-chaussée et, au sous-sol, l'alimentation, où vous pourrez faire vos achats de spécialités tchèques (charcuterie, alcools, etc.).

MARCHÉS DE QUARTIERS

Havelský trh (marché Saint-Gall)

Havelská (C2)
Lun.-ven. 8h-18h, sam. 9h-13h.

Dans un savant amalgame de fruits et de légumes, de fleurs coupées et de pots de miel, voici le seul marché qui propose aussi des objets artisanaux des œufs peints en quantité, de 150 à 300 Kč pièce), des cartes postales et des gravures.
L'humeur est souriante et détendue. Il faut prendre le temps de flâner pour dénicher une petite bricole en bois ou une pierre montée en pendentif (50 Kč).

Správa Tržiště

Place du métro Národní třída (C2)
Lun.-ven. 9h-17h, sam.-dim. 9h-16h.

À la sortie de Tesco (voir plus haut) se tient un marché de primeurs aux allures provinciales. Suivant les saisons, les fruits et les légumes, de qualité inégale, sont à des prix intéressants. Vous y trouverez également des fruits secs, des amandes, des noisettes au chocolat et des bananes séchées, enrobées de yaourt de fabrication locale : idéal pour tenir le coup s'il fait froid (environ 25 Kč les 100g).

Marchés saisonniers

Au moment de Noël et de Pâques, des marchés s'installent sur la place de la Vieille Ville et au bas de Václavské náměstí Les Praguois y viennent se réchauffer d'un verre de vin chaud, pendant que les touristes, au milieu des odeurs de parek (saucisse grillée servie avec du pain et de la moutarde), font le tour des stands. On vend des œufs peints, des bougies à la cire d'abeille, des petites décorations en paille, pour Noël, et autres objets de fabrication artisanale.

Artisanat

Les objets en bois, les marionnettes, le cristal et les nappes aux motifs traditionnels bleus dominent largement l'artisanat tchèque. Vous trouverez, à Prague, une foule de petits cadeaux de bonne qualité, à des prix raisonnables qui pourront faire plaisir à tous vos amis. Et n'oubliez pas, si vous venez au mois de décembre, de faire vos provisions de décorations de Noël.

Beruška
Pasáž Černá Růže, Na příkopě 12 (C2)
☎ 21 01 46 07
Lun.-ven. 9h-20h, sam. 9h-19h, dim. 11h-19h.

Beruška (« la Coccinelle ») vend des objets en bois peint avec des couleurs vives et destinés aux enfants. De nombreux jouets (petits trains, charmantes grenouilles), de très jolis mobiles (petites abeilles butineuses à suspendre, 250 Kč) et autres objets de décoration aux motifs naïfs pour chambres d'enfants.

Obchod U sv. Jilji
Jilská, 7 (C2)
☎ 24 23 26 95
T. l. j. 10h-19h.

Des marionnettes fabriquées à la main, en bois et en plâtre, inspirées d'anciens modèles traditionnels, voilà ce que propose cette boutique au cœur du vieux Prague. Si vous avez déjà la tête pleine d'histoires, vous repartirez avec une troupe entière prête à l'emploi dans un théâtre, sinon, vous vous contenterez de ramener un seul petit personnage qui sera le héros de vos aventures (de 480 à 2 000 Kč environ).

Lidová jizba
Václavské náměstí, 14 (C2)
T. l. j. 10h-18h.

Retirée au fond d'un passage, loin de l'agitation de la place Vaclavské, cette boutique vous réserve le meilleur accueil. Choisissez tranquillement parmi les nappes aux motifs traditionnels bleus et blancs (120 x 90 m, 430 Kč), à rayures ou madras (135 x 135 m, 420 Kč). Vous pouvez également prévoir votre prochaine décoration de Noël, à la tchèque, tout en rouge et paille.

Móda Original
Jungmannova 13 (C2)
☎ 96 24 50 33
Lun.-ven. 10h-18h.

Céramiques bleues aux motifs très stylisés, bougies à la cire d'abeille, papeterie, nappes, sets de table, robes et chemisiers pour femme en lin, tout dans cette boutique est fait main en République tchèque. Les lignes des vêtements sont belles et simples, les couleurs sont douces (bleu de Chine, vert tendre) et les nuances délicatement travaillées.

Max-Loyd
Ovocný trh 12 (C2)
☎ 21 63 71 80
T. l. j. 10h-19h.

Petite boutique d'artisanat où se croisent des services à thé en belle céramique unie bleue, des mugs blancs aux joyeux motifs, des récipients de toute taille en métal peint (très prisé à Prague), des nappes ou sets de table de tissu de fabrication maison, quelques verres originaux faits main et même un assortiment de thés aromatiques et d'infusions.

Ateliér Kavka
Dlouhá, 44 (C1)
☎ 24 82 82 49
Lun.-ven. 10h-19h, sam. 10h-16h.

Au milieu des vieux meubles, des objets de décoration et des compositions florales, l'atelier Kavka ressemble à un petit havre de verdure aux mille parfums de fleurs séchées (2 500 Kč environ le bouquet). Vous y trouverez aussi de larges coupes tout en verre et métal (1 200 Kč), des petits vases (390 Kč) ou des services en céramique (690 Kč).

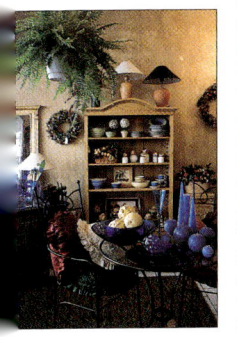

Lobeli
Újezd, 16 (B2)
☎ 53 05 02
Elišky Krásnohorské, 1 (C1)
☎ 232 07 34
Lun.-ven. 10h-19h, sam. 10h-17h.

Vous aimez les meubles anciens, mais l'idée de les restaurer vous décourage ? Alors *Lobeli* est fait pour vous. Aux deux adresses, vous verrez de vieux meubles tchèques en bois, nettoyés, poncés et cirés, « prêts-à-emporter ». Des commodes, des armoires, des vaisseliers, des chaises, des tables, des tables de chevet, un grand choix et des prix intéressants (de 3 000 Kč à 15 000 Kč environ). Possibilité de vous faire livrer en France.

Atelier trnka
Újezd, 46 (B2)
☎ 90 00 09 75
Lun.-ven. 9h-18h, sam. 9h-13h.

Si vous souhaitez changer le look de votre canapé, refaire les coussins, les rideaux ou une nouvelle housse de couette, vous trouverez, dans cette discrète mercerie, un grand choix de tissus fabriqués en République tchèque à des prix intéressants (environ 125 Kč le mètre). Madras et rayures aux couleurs chaudes (très peu d'uni ou de motif fleuri), tissus épais pour l'ameublement ou coton plus léger, de quoi ravir les doigts des couturières à court d'idée.

ČESKÁ LIDOVÁ REMESLA

Vous reconnaîtrez ces magasins à leurs vitrines débordant d'objets en bois et tissus bleus.

Baignés dans une chaleureuse atmosphère de produits naturels, les nappes brodées (1 635 Kč) se mêlent aux paniers en osier (375 Kč), aux œufs peints (de 50 à 180 Kč) aux pulls en laine vierge (4 500 Kč), aux ustensiles de cuisine (de 15 à 90 Kč) et petits objets de décoration. Une visite s'impose pour découvrir le meilleur de l'artisanat tchèque traditionnel. Parmi les huit magasins :
Melantrichova, 17 (C2)
Lun.-ven. 10h-19h,
sam.-dim.
10h-19h30.

SPORT

Sur les courts de tennis, Jana Novotná et Petr Korda font leurs preuves, après Martina Navrátilová et Ivan Lendl. Mais ici, le sport national est le hockey sur glace. La moindre mare gelée fait office de patinoire, pour les enfants, en hiver. Sachez donc que les Tchèques tirent une très grande fierté de leur équipe nationale de hockey : vainqueur de l'URSS, en août 1968, du Canada, en 1996, et champion olympique, en 1998, à Nagano. Plus de 100 000 personnes se sont rassemblées place de la Vieille Ville pour accueillir, en véritables héros, les joueurs, à leur retour du Japon ! Un triomphe pour Jaromír Jáger et Dominik Hašek, les deux joueurs les plus populaires.

JB Sport
Dlážděná, 3 (D1)
☎ 242 10 921
F 242 10 951
Lun.-ven. 9h-18h, sam. 9h-13h.

Deux magasins de sport dans la même rue, dont l'un consacré au hockey sur glace. Vous y trouverez tous les accessoires, de la crosse aux patins à glace, en passant par l'inévitable maillot de l'équipe nationale, à rapporter absolument aux admirateurs inconditionnels des nouveaux héros tchèques.

Dům sportu - Teta
Jungmannova, 28 (C2)
☎ 96 16 51 11
Lun.-ven. 9h30-19h (sam. 16h).

Des équipements pour tous les sports et quelques grandes marques, mais surtout des soldes au premier étage sur des chaussures de sport ou les rollers de la marque Bauer (conçus au Canada et fabriqués en République tchèque) et hors saison, sur le matériel de ski de fond et alpin. Au passage, par dessus les tentes de camping, jetez un coup d'œil dans les jardins franciscains.

Hockey world
U Výstaviště, 21 (hors plan)
☎ 33 37 05 25
Lun.-ven. 10-18h, sam. 10h-14h ; l'été, 12h-17h, f. sam.

Pour les fétichistes uniquement, car on ne vend, ici, que des posters, des cassettes et des cartes collectors de différentes équipes.

Sun & Snow shop
Francouzská, 3 (D3)
☎ 225 13 074
Lun.-ven. 10-18h.

Entre deux lancers de fléchettes, ne vous y trompez pas, ici on ne vous parlera que de sports de glisse : snow board ou skate. Quand vous aurez choisi votre planche, pensez à ce que vous porterez dessus ; T-Shirt, short, pantalon ou maillot de bain ?

Trekking sport - Humi

Martinská 2 (C2)
☎ 24 22 50 85
Lun.-ven. 10h-18h, sam. 10h-13h.

Des mousquetons au sac de couchage et à la tente, vous trouverez tout pour le trekking dans cette petite boutique. L'accueil est charmant, on vous indiquera même volontiers les endroits où pratiquer le trekking en République tchèque.

Kiwi

Jungmannova, 23 (C2)
☎ 24 94 84 55
❻ 96 24 55 55
Lun.-ven. 9h-18h30, sam. 9h-14h.

Une mine pour les amateurs de marche à pied ou de VTT ! En dehors des traditionnels guides (également en français, en anglais, ou en allemand), des cartes routières et des plans de villes, vous trouverez, chez ce spécialiste, toutes sortes de cartes intéressantes à très bon prix, couvrant par exemple les sentiers de République tchèque, mais aussi de France ou d'Espagne, et même la carte de la Bataille de Normandie !

U Petra

Dlouhá, 3 (C1)
☎ 23 17 530
Lun.-ven. 9h-18h, sam. 9h-13h.

Des appâts, des cannes, des hameçons, le choix est large, mais on guidera votre choix pour donner un petit air tchèque à votre matériel de pêche.

Les époux Zátopek

Nés tous les deux en 1922, Dana et Emil Zátopek ont connu, ensemble et la même année, un succès formidable. Lors des Jeux olympiques d'Helsinki, en 1952, Emil Zátopek devient le seul athlète triple champion olympique, sur 5 000, 10 000 et marathon de toute l'histoire du sport. Le jour du 5 000 mètres, sa femme, Dana, emporte la médaille d'or du lancer de javelot. Détenteur de neuf records du monde de course à pied, Emil Zátopek fait encore aujourd'hui la fierté de son pays.

Association Club Sparta Praha

Betlémské náměstí (C2)
☎ 20 57 03 23
Lun.-jeu. 10h-17h, ven. 10h-16h.

Le Sparta, qui a éliminé l'Olympique de Marseille en coupe d'Europe en 1992, est la meilleure équipe de foot de la République tchèque et le club le plus titré du pays. L'équipe a son stade, au Letná, doté d'un équipement moderne et les supporters se pressent lors des rencontres. C'est ici que les fans viennent acheter leurs billets et s'approvisionner en fanions, drapeaux, écharpes et maillots.

ANTIQUITÉS ET BROCANTES

À la recherche d'objets qui n'ont plus d'âge, vous naviguerez entre petites échoppes et luxueux antiquaires. De la babiole sans valeur au magnifique service en argent, il est toujours possible de dénicher la pièce rare qui vous étonnera. Si les professionnels sont déjà passés par là, il reste encore largement de quoi satisfaire toutes les curiosités et toutes les bourses.

Alma
Valentinská, 7 (C1)
☎ 23 25 865
T. l. j. 10h-18h.

Passez rapidement devant les vitrines du rez-de-chaussée et dirigez-vous vers le sous-sol où se trouvent les objets les plus intéressants. Beaucoup de vaisselle, de verres et de porcelaine, de la dentelle et les inévitables tableaux kitsch, mais aussi quelques vieux stylos plume, des bijoux 1920-1930 et des épingles à chapeau (400 Kč). Si, à ce moment précis vous êtes pris d'une soif de vins tchèques, faites une pause dans la vinárna dissimulée dans le même sous-sol (lun.-ven. 10h-18h).

Bric à Brac
Týnská, 7 (C1)
☎ 232 64 84
T. l. j. 10h-19h.

Un vrai petit bazar, situé juste derrière Notre-Dame-du-Týn, où vous trouverez pêle-mêle des objets publicitaires (boîtes, plaques), des vieux bijoux, des lampes, des montres, des stylos, des machines à écrire et des appareils photos. Attention, les prix vous rappelleront que vous êtes en plein quartier touristique.

Dorotheum
Havelská, 19 (C2)
☎ 24 22 20 01
Lun.-sam. 9h30-19h.

Cette maison (qui existe à Vienne depuis 1707) contient de véritables trésors : bijoux des années 20, pièces de porcelaine et de cristal, tableaux, meubles... Vous trouverez certainement une superbe théière en argent ou un vase Art nouveau, en pâte de verre, mais ne comptez pas faire des affaires.

Rudolf Špičák
Ostrovní, 26 (C2)
☎ 29 79 19
T. l. j. 10h-17h.

Poussez la porte de cette curieuse boutique et humez l'odeur de tabac à pipe du propriétaire des lieux, véritable sosie de Boby Lapointe, barbe et maillot de marin à l'appui. Il règne en maître discret dans ce qui ressemble à une cale de péniche dans laquelle on aurait versé en vrac tout et n'importe quoi (vaisselle, livres, affiches publicitaires, vêtements). À voir pour l'ambiance et les prix dérisoires.

ANTIQUITÉS ET BROCANTES ■ 101

Dračka Milan
Vitězná, 16 (B2)
☎ 530 624
Lun.-ven. 10h-17h, sam. 10h-12h.

Dans cette vieille boutique se côtoient des objets plein de charme parmi lesquels on fouille avec plaisir en espérant y trouver une pièce rare. Étagères, armoires, vaisselle, verres, lampes, boîtes publicitaires en métal, vieux outils en bois et ustensiles de cuisine sont proposés à des prix raisonnables.

Jan Pazdera
Vodičkova, 28 (C2)
☎ 24 21 61 97
Lun.-ven. 10h-18h, sam. 10h-13h.

Une bonne adresse pour tous les photographes amateurs ou non ! Situé au tout début du passage « ABC » de la rue Vodičkova, vous ne pourrez manquer les vitrines de cette boutique où se mêlent les appareils dernier cri aux vieux modèles qui ont déjà connu plusieurs objectifs. Prévoir d'attendre un peu avant d'être servi.

Václav Matouš
Mikulandská, 10 (C2)
☎ 29 14 48
Lun.-ven. 9h-12h et 14h-18h.

Pour vivre à l'ancienne heure, rendez donc visite à cet antiquaire spécialisé dans les montres anciennes, les horloges et les vieux réveils. Chronomètre en main (350 Kč), vous ne battrez pas des records de bonnes affaires, mais admirerez les superbes Omega (de 1 200 à 4 000 Kč) et les montres à gousset (de 900 à 4 000 Kč).

U sv. Martina
Martinská, 4 (C2)
☎ 26 65 15
Lun.-ven. 10h-13h et 14h-18h, sam. 10h-14h.

Tout ce que contient la boutique n'est pas digne d'intérêt. Passez rapidement devant les bibelots en faïence mais prenez le temps d'admirer les machines à café murales originales et décoratives (en bois environ 2 500 Kč, ou en faïence 7 500 Kč) tout comme les vieilles pendules en bois (3 000 Kč).

BAZAR, BAZAR...

Pour savoir à qui vous avez à faire, sachez reconnaître les enseignes. Les *bazar*, présents dans toute la ville, sont en fait des brocantes et vendent des articles d'occasion bon marché (vêtements, meubles, petits objets divers et électroménager). Les *starožitnosti* sont les antiquaires, parfois spécialisés, où les articles de qualité sont soigneusement présentés et plus chers. Attention, si une *antika* est une antiquité, l'*antikvariát* est le bouquiniste et il n'est pas rare d'y trouver de vieux livres en français, très bien conservés (voir Bouquinistes p. 102).

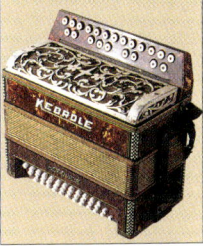

BOUQUINISTES – ANTIKVARIAT

Aussi nombreux que les brocanteurs, les bouquinistes sont présents un peu partout dans la ville. Rien à voir avec les bords de Seine : ici on vend des livres d'occasion dans des boutiques parfois très luxueuses, et avec autant de précaution que s'ils étaient neufs. Presque tous possèdent des ouvrages en langue étrangère et vous trouverez sans difficulté des livres anciens en français, généralement bon marché. Vous dénicherez également de vieilles cartes, des plans, des atlas, des dessins et des gravures qui ne manquent pas d'intérêt.

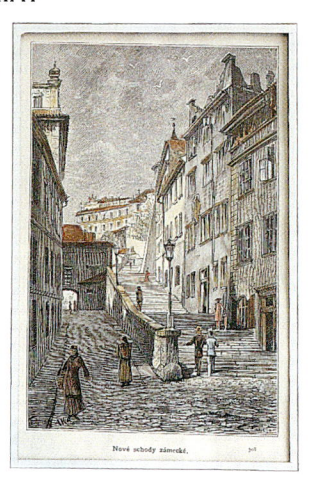

Antikvariát
Kaprova, 52/6, entrée côté Valentinská (C1)
☎ 24 81 62 53
Lun.-ven. 10h-18h, sam. 10h-14h.

Si le rayon des livres en français – essentiellement des romans policiers – ne vous passionne pas, voyez du côté des gravures. Certaines sont intéressantes et l'on n'hésite pas à vous les montrer avec le plus grand empressement (environ 450 Kč).

U Zlaté Čiše
Nerudova 16/212 (B1)
☎ 57 53 13 93
T. l. j. 10h-18h.

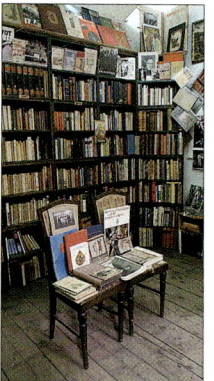

Au milieu des cartes postales sans âge, des gravures, des vieux magazines de cinéma, des ouvrages en tchèque et en allemand, et des livres sur les beaux-arts, un petit rayonnage est consacré aux livres en français bon marché. Quelques vieilles photos kitsch également.

Antikvariát Makovský & Gregor
Kaprova, 9 (C1)
☎ et ℱ 232 83 35
Lun.-ven. 9h-19h, sam. 10h-18h.

Entassés jusqu'au plafond, des livres de tous les styles et dans toutes les langues (le latin vous intéresse ?) attendent l'acheteur qui ne sera pas déçu de se procurer des ouvrages à des prix aussi compétitifs (*Le Mariage* de Loti, dans une belle édition, à 30 Kč). Également quelques gravures à thèmes zoologiques ou botaniques (environ 1 500 Kč). Les livres plus précieux sont dans la pièce du fond.

BOUQUINISTES – ANTIKVARIAT ■ 103

Antikvariát
Široká, 7 (C1)
☎ 231 88 76
Lun.-ven. 10h-18h, dim. 10h-16h.

Une agréable odeur de tabac à pipe embaume cette boutique à proximité du quartier juif. Les ouvrages de littérature en français les plus intéressants sont dans la vitrine de la première pièce (environ 2 000 Kč pour une édition originale de Gide). Au fond du magasin, vous trouverez des manuels scolaires en français, des vieilles photos et des cartes postales.

Antikvariát Karel Křenek
Celetná, 31 (C1)
☎ 231 47 34
Lun.-ven. 10h-18h, sam. 10h-14h.

Près de la Maison municipale, l'adresse est connue pour ses livres anciens de qualité (surtout en allemand), ses vieilles cartes ou ses gravures de Prague, parfois très chères. Mais dans le bas d'une armoire de la pièce du fond, presque cachés, vous trouverez d'anciens manuels de biologie et de philosophie en français, dans de belles éditions, tel cet inattendu *Matière et mémoire* de Bergson.

Antikvariát U Karlova mostu
Karlova, 2 (C1)
☎ 22 22 02 86
Lun.-ven. 10h-18h, sam. 11h-16h.

À deux pas du pont Charles, n'hésitez pas à entrer dans cette boutique si vous êtes passionné de livres rares, de vieilles cartes du monde entier et de gravures anciennes (de 600 à 4 000 Kč). Après quelques pas sur le parquet ciré, vous découvrirez aussi un petit rayon de livres en français.

Galerie Ztichlá Klika - Antikvariát
Betlémská, 10-12 (C2)
☎ 22 22 05 60
Lun.-ven. 10h-18h.

Il s'agit de deux boutiques côte-à-côte qui portent le même nom. Au n° 10, la galerie présente un choix intéressant de cartes, de dessins et de gravures (entre 300 et 3 000 Kč) et quelques ouvrages en français sur l'architecture, plutôt années cinquante. Au n° 12, c'est le temple du livre avec un large rayon consacré aux ouvrages d'occasion, en français (environ 500 Kč).

À VOIR POUR LIRE
Knihkupectví U Černé Matky boží
Celetná, 34 (C1)
☎ 24 21 11 55
Lun.-sam. 9h-20h, dim. 10h-20h.

Faites un tour dans cette librairie, située au rez-de-chaussée de la Maison « À la Vierge noire » (première maison cubiste au monde construite en 1911-12, voir p. 14). À des prix plus avantageux qu'en France, vous pouvez rapporter de Prague, de très beaux livres d'art, des catalogues d'expositions ou des ouvrages sur l'histoire de la République tchèque.

Terra incognita
Masná, 10 (C1)
☎ 232 86 97
Lun.-ven. 9h-19h, sam.-dim. 10h-18h.

Parmi tous les livres rangés sur les étagères, vous trouverez facilement le rayon des livres en français. Beaucoup de littérature et de recueils de poésie dans de belles éditions, très bien conservés et à des prix intéressants. On peut également revendre ses livres du lundi au mercredi, de 14h à 17h30.

GADGETS ET OBJETS INSOLITES

À Prague, vous trouverez tout pour vous transformer, le temps d'une soirée, en cow-boy solitaire avec chapeau et chemise à franges, en amateur de musique techno les cheveux teints et le nez percé ou en Robin des bois volant au secours de sa belle Marianne. Et n'oubliez pas de vous munir de potions magiques et de sirops de plantes aux effets bénéfiques.

Lucky Horse
Karolíny Světlé, 9 (B2)
☎ 24 23 47 29
Lun.-ven. 10h-18h.

Au son de la country tchèque, découvrez le monde du western dans sa version bohème. Le look « John Wayne » est très couru ces temps-ci à Prague. Dans sa boutique, Karel Hejtman semble lui aussi venir des grandes plaines du far-west avec son chapeau et sa chemise à franges. Vous trouverez chez lui tout l'attirail pour le cavalier et sa monture : chapeau de cow-boy en feutre (750 Kč), ou en paille (290 Kč), grand manteau en toile huilée (4 850 Kč), de la nourriture pour chevaux et plein d'autres articles, des éperons jusqu'à la selle.

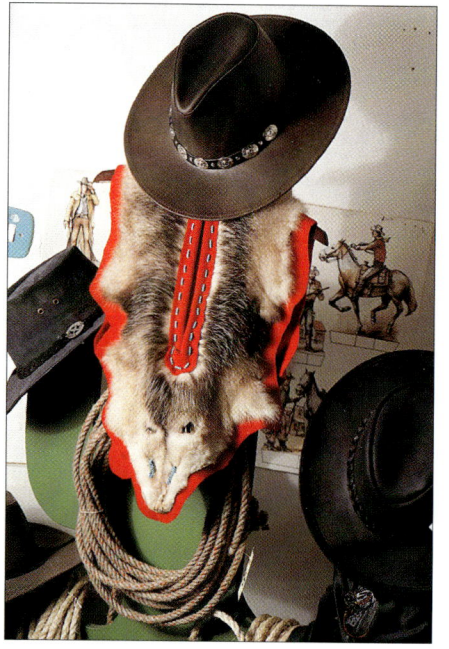

Art Deco Galerie
Michalská, 21 (C2)
☎ 26 13 67
Lun.-ven. 14h-19h.

Tout l'univers de l'Art déco tchèque de l'entre-deux-guerres semble réuni dans cette brocante : meubles, lampes, bagues, colliers, broches, services à thé, verres, carafes, tableaux, céramique et porcelaine. Les prix sont élevés, mais les articles présentent tous un réel intérêt, y compris les pièces les moins anciennes.

GADGETS ET OBJETS INSOLITES ■ 105

Vous pouvez toujours tenter de négocier en anglais ou en allemand avec Miroslava Vávrová qui a déniché ces trésors.

Botanicus
Týnský dvůr čp., 1049 (C1)
☎ 24 89 54 46
T. l. j. 10h-20h.

Dans la très belle cour des marchands du Týn, Botanicus est une sympathique boutique où il fait bon flâner. Ici, tout est naturel et fabriqué selon des méthodes traditionnelles dans l'Eco-village d'Ostra, au Nord de Prague. L'emballage et la présentation des produits sont soignés, faisant du moindre petit article une belle idée de cadeau : savon à l'eucalyptus, 90 Kč, boîte de thé ronde en métal, environ 150 Kč les 85g, jolie bouteille de vinaigre à l'orange et à la cardamone, 352 Kč les 720 ml.

Kondomerie
Karolíny Světlé, 9 (B2)
☎ 90 00 15 26
Lun.-sam. 10h-19h.

Selon les sondages, l'infidélité des couples tchèques est une chose courante. L'information et la prévention contre le SIDA et les maladies sexuellement transmissibles passe par la banalisation du préservatif, insuffisamment utilisé dans le pays. Si cette boutique dédramatise l'achat de préservatifs en le transformant en gadget coloré, à l'effigie de politiciens (Václav Havel, Václav Klaus...) ou de monstres, les tarifs pratiqués (50 Kč pièce) ne correspondent pas au budget des jeunes générations.

Galerie U Rytíře Kryštofa
Kožná, 8 (C2)
☎ 24 23 63 00
T. l. j. 10h-19h.

Tatoo Pes Studio
Jilská, 22, 1er étage (C2)
☎ 242 35 766
Lun.-sam. 11h-19h, dim. 13h-18h.

Au fond du couloir, grimpez au premier étage. Si vous êtes très décidé, vous pouvez ressortir de cet endroit percé et tatoué (800 Kč), une veste en daim sur le dos (environ 500 Kč), des lunettes de « rave » sur le front, habillé d'un pantalon jaune et d'une chemise 100% nylon rose, des CD techno, pop et hard plein les poches et de quoi vous teindre les cheveux de toutes les couleurs. Au passage, vous pourrez rafler les infos des prochaines soirées branchées, histoire de montrer votre nouvelle tenue !

Le style « Robin des Bois et Frère Jean » a lui aussi de nombreux adeptes à Prague. Pas une fête de village qui ne prenne des accents médiévaux. On construit, pour l'occasion, des tentes dans les rues, on danse, on se bat à l'épée, on prépare des soupes dans de grandes marmites en plein air, on mange et on boit du vin au miel. Pour vous équiper, vous trouverez ici des armures, des sabres et des épées, copies des modèles exposés dans la Ruelle d'Or (voir p. 43). Prenez le temps de flâner au son d'une musique médiévale.

SECOND-HAND

À Prague, les boutiques de vêtements d'occasion s'adressent plutôt aux personnes du troisième âge et à celles ne bénéficiant pas de gros revenus, ce qui explique le choix plutôt limité. Côté frippe donc, même si la tendance change, seules quelques adresses valent le coup d'œil. En revanche, les CD d'occasion se vendent partout et il suffit de fouiner un peu pour dénicher des collectors (environ 350 Kč).

Mýrnyx týrnyx
Saská ulička (B1)
☎ 29 79 38
Lun.-dim. 11h-19h.

Juste à côté du pont Charles, voici une boutique qui propose un choix important de robes délirantes ou provocantes (entre 350 et 500 Kč). Des modèles de toutes les couleurs, dans toutes les matières (avec une nette préférence pour le synthétique). Les années 70 et 80 sont à l'honneur.

Second-Hand-Markt
Jungmannova 16, Prague 1 (C2)
Lun.-ven. 9h-18h, sam. 9h-12h.

Grand déballage de vêtements d'occasion dans ce magasin sur deux niveaux. Vestes et blousons, jupes, robes et chemises, mais aussi peignoirs et maillots de bain, ainsi qu'une grande quantité de foulards (30 Kč).

Vous payez à la caisse de l'entrée, à la pièce (de 30 Kč à 500 Kč) ou au poids selon le type de vêtement.

Bazar CD
Jungmannova, 13 (C2)
☎ 249 48 565
Lun.-ven. 9h-18h.

Suivez les flèches Bazar CD jusque dans la cour et au fond du couloir, la boutique est au bout. Une petite sélection de CD, où se mêle du rock, de la pop, et de la variété tchèque et internationale.

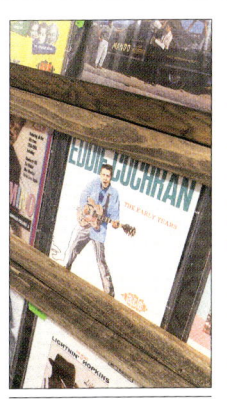

Gund Ho CD Bazar
Rock Café
Národní, 20 (C2)
☎ 249 14 414
Lun.-ven. 10h-23h,
sam. 20h-23h.

Descendez dans le club du Rock Café. Seuls les adeptes de hard rock, de trash metal ou de heavy metal trouveront leur bonheur. Il n'y en a que pour eux : T-Shirts, video cassettes et, même, vinyles.

CD Bazar
Železná, 16 (C1)
☎ 242 26 590
Lun.-ven. 10h-18h, sam. 12h-16h.

Traversez le porche jusqu'aux escaliers menant au sous-sol au Jazz Club Zelená (le bazar est à l'intérieur du club). Avant, pendant et après les concerts, les CD d'occasion sont en vente dans un minuscule réduit. Au choix du jazz, le Club oblige, mais aussi du rock et du pop.

Bazar CD
Karolíny Světlé, 12 (B2)
☎ 24 23 34 67
Lun.-ven. 10h-13h et 13h30-19h.

Là encore, fouillez dans les bacs rock, pop et variétés tchèque et internationale (environ 250 Kč). Dans la pièce du fond, vous trouverez des CD de jazz, de country, de musique classique (entre 90 et 180 Kč) et pour les curieux, du folk tchèque. En vente également, des posters des stars américaines du rock et des cassettes video.

pochettes vinyles sur les murs. Des CD neufs et d'occasion, des années 50 aux années 80, particulièrement rock'n'roll (50' et 60's), avec les grands standards américains, mais également du rock des années 70 et du blues.

SENIOR BAZAR
Senovážné náměstí, 18 (D2)
☎ 24 23 50 68
Lun.-ven. 9h-17h.

La devanture est discrète et passe inaperçue. À l'intérieur des vieilles dames se pressent ; les unes pour chiner la bonne affaire, remplacer la robe qui leur fait défaut, les autres pour conseiller les premières et les conduire aux cabines d'essayage. Grâce à des tarifs défiant toute concurrence, de plus en plus de jeunes viennent ici récupérer d'authentiques imperméables années cinquante, des robes et des jupes années soixante-dix, des vestes d'un autre âge ou repérer le lot de vieux sacs à main en cuir en bon état (40 Kč). Pour femmes et hommes, de 30 à 300 Kč. Fermé du 15 juillet au 15 août.

Bazar
Prokopská, 3/625 (B2)
☎ 0604 85 36 56
Lun.-ven. 11h-18h, sam. 13h-18h.

Ambiance « Oldies but Goodies » nous assure-t-on, à grand renfort de posters et de

SPÉCIALITÉS GASTRONOMIQUES

Si la bière est la spécialité la plus connue et la plus appréciée à Prague, la gastronomie tchèque réserve quelques autres bonnes surprises. Un peu de charcuterie, quelques galettes sucrées, des alcools de fruits ou de plantes macérées, autant de raisons de vous enivrer des saveurs de Bohême et de Moravie.

Cellarius
Passage Lucerna
Štěpánská, 61 (C2)
☎ 24 21 09 79
Lun.-sam. 9h30-21h, dim. 15h-20h.

Au détour des rangées d'étagères en bois de cette boutique, on découvre des liqueurs, des vins et des alcools du pays, côtoyant des bouteilles en provenance du monde entier. Vous reconnaîtrez les eaux de vie de fruits tchèques (42°), de la marque Jelinek, à leur jolie bouteille hexagonale (environ 240 Kč le kirsch de Bohême ou la Meruňkovice, à l'abricot).

Lahůdky Zemark
Václavské náměstí, 50 (C2)
☎ 242 17 326
Lun.-ven. 7h-19h30, sam. 8h30-16h.

Dans cette épicerie très locale, vous pourrez tout aussi bien acheter des alcools, vins et liqueurs tchèques, de la charcuterie et du fromage, que vous régaler de *chlebíčky*, debout autour d'une table haute. On y vend aussi de la Slivovice, alcool blanc de prune (45°) et spécialité de Moravie. La meilleure marque est encore celle de Jelínek, conditionnée dans une bouteille ronde (0,75l à 320 Kč) ou dans une bouteille fine et longue (180 Kč les 0,5l).

Lahůdky Zlatý Kříž
Jungmannova, 19 (C2)
☎ 249 46 877
Lun.-ven. 7h30-19h, sam. 9h-14h.

C'est entre les produits frais et les confiseries tchèques que vous trouverez la bouteille jaune et verte de la Becherovka, la « treizième source de Karlovy Vary ». On prête à cet alcool, fabriqué à partir de plantes ayant macérées dans l'eau curative de la ville thermale, des vertus digestives. La Becherovka se sert à l'apéritif, bien fraîche dans des petits verres, ou en cocktail avec du Tonic *Beton* (prononcez *bétone*). Environ 160 Kč le demi-litre et 310 Kč le litre.

Čerstvých uzenin
Václavské náměstí, 20 (C2)
Lun.-ven. 7h-19h, sam.-dim. 9h-19h.

Les saucissons tchèques ressemblent plutôt à des salamis qu'à de la saucisse sèche. Vous trouverez à peu près les mêmes marques dans toutes les boucheries et charcuteries, comme dans cette boutique où pendent les salamis du chasseur (*salám lovecky*, 200 Kč le kilo) à la forme longue et applatie ou du saucisson à l'ail (*salám*

SPÉCIALITÉS GASTRONOMIQUES

De l'absinthe, en toute légalité

La boisson favorite de Van Gogh, Rimbaud et Baudelaire se vend, s'achète, se consomme librement à Prague, alors qu'elle est interdite en France depuis 1915, pour cause de crises d'épilepsie, délires et hallucinations chez les grands buveurs ! On ne vous la servira pas comme au début du siècle avec une cuillère à absinthe pour verser le sucre à travers les trous, mais pure et sans glaçon. Pour faire « passer » le joli breuvage vert émeraude à base de plantes et à 70°, essayez le mélange avec de l'eau et du sucre, mais ça reste quand même très fort (environ 425 Kč la bouteille de 0,70l).

česneskový, 275 Kč le kilo) en forme de grosse gousse d'ail.

Kliment
Na Můstku, 8 (C2)
☎ 26 31 76
Lun.-ven. 7h30-19h, sam. 8h-18h, dim. 9h-18h.

Dans la vitrine réfrigérée, entre le jambon fumé (160 Kč le kilo), les pièces de viande, les salamis et les *enedlíky* maison (à rapporter si vous êtes devenu adepte), s'est glissé du caviar russe. Ce n'est pas une spécialité tchèque, mais pourquoi ne pas tester l'Astrakhan, 550 Kč la boîte en métal bleu de 113g, 2 300 Kč les 500g) ? Au fond de la boutique, à droite, cantine typiquement tchèque.

Cukrárna Simona
Václavské náměstí, 14 (C2)
☎ 24 22 75 35
Lun.-ven. 9h-20h, sam. 10h-20h, dim. 10h-20h.

Cette petite confiserie, située sur la place, vend également des alcools tchèques en plus des chocolats et surtout des fameuses galettes de Karlovy Vary : les Oplatky Kolonáda aux noisettes, au chocolat et autres parfums (40 Kč la boîte de 250g, 20 Kč les 125g). Des marchands ambulants les vendent chaudes, dans la rue (au Château, dans la rue Celetná...).

Prodejna U Salvátora
Náprstkova, 2 (B2)
☎ 22 22 11 61
Lun.-ven. 10h-18h.

Non loin de la Vltava, on atteint cette boutique d'épices par une ruelle aux pavés déformés. La porte à peine ouverte, un mélange de parfums vous rappelle tout à la fois l'anis, le basilic, la cannelle, le thym et la vanille. Demandez la petite carte indiquant, d'un côté les épices et les herbes (pas moins de dix sortes de pepr, dont 40 Kč le poivre vert), de l'autre, les mélanges préparés (gulasové pour le goulasch, 12 Kč), servis dans des petits sachets de papier, à des prix dérisoires.

Sortir mode d'emploi

Pour les amoureux de la nuit et les amateurs de soirées frénétiques, tout est permis à Prague. Des vastes salles de bals aux clubs de jazz intimistes, des grandes soirées techno, aux concerts à l'opéra, des grands bars animés aux cafés feutrés, des pubs irlandais aux hospoda tchèques : faites votre choix.

À QUELLE HEURE ?

Tout démarre beaucoup plus tôt à Prague. Les Tchèques sortent de table vers 19h, c'est le moment où le rideau se lève à l'opéra. Les clubs de jazz s'animent un peu plus tard, vers 21h, mais les boîtes ne commencent vraiment à chauffer que vers 23h. Elles ferment vers 3h ou 5h. Les horaires indiqués sur les programmes sont scrupuleusement respectés, soyez donc impérativement à l'heure sous peine de trouver porte close. Si la semaine est très sagement animée, le week-end offre des possibilités beaucoup plus débridées.

DEMANDEZ LE PROGRAMME !

Il y a deux journaux pour tout savoir sur ce qui se passe en ville. Le premier, *Kultura v Praze* (*Culture in Prag* en anglais) regroupe tous les spectacles (danse, théâtre, cinéma, concerts, opéras, festivals, galeries), en vente tous les mois 40 Kč dans les kiosques.
Version tchéco-anglaise des journaux gratuits parisiens, vous trouverez gratuitement *Do mesta/Down town* dans les cafés, les magasins de musique etc. En plus de la programmation culturelle, ce petit journal est indispensable pour connaître les soirées dans les clubs et les boîtes de nuit.

Les programmes des concerts de musique classique sont généralement affichés à l'entrée des églises, dans les hôtels, ou bien distribués dans la rue et au Prag Tourist Center (Rytirska 12, Prague 1, ☎ 24 21 22 09) où vous pourrez faire vos réservations.

OÙ EST-CE QUE ÇA SE PASSE ?

Tout se passe entre Nové Město et Staré Město, profitez donc de cette proximité pour découvrir plusieurs lieux de la vie nocturne pragoise, mais faites aussi un tour à Malá Strana ; en traversant le Pont Charles la nuit, vous verrez les illuminations du Château et les réverbères aux lumières jaunes (extinction des feux à minuit). Les tarifs des entrées des clubs ou des boîtes ne sont jamais très élevés, pas plus que les consommations à l'intérieur.

COMMENT S'HABILLER ?

À Prague on ne plaisante pas : une sortie est un petit événement et on s'endimanche volontiers. Pas question, donc, de vous montrer à l'Opéra ou au théâtre en tenue négligée. Inutile cependant d'apporter robe longue à paillettes et smoking, prévoyez simplement une tenue de ville au moment de faire votre valise. Au cours de la soirée, profitez de l'entracte pour faire un tour au *bufet*.

Pour vos autres sorties en boîte ou en club, habillez-vous comme vous le feriez à Paris ou à Londres : jeans, cuir, tatouages et piercing passeront complètement inaperçus.

SE DÉPLACER

Les métros fonctionnent de 5h à minuit et de nombreuses lignes de tramways de nuit (numéro à deux chiffres commençant par 5) sillonnent la ville de minuit à 5h en passant par Lazarská Spálená (Nové Město).

Les taxis sont encore bon marché mais ouvrez l'œil : les arnaqueurs sont très nombreux. Quatre règles fondamentales : ne jamais prendre un taxi arrêté, préférer les voitures tchèques basiques comme les *Škoda*, monter à l'avant et négocier de préférence sa course avant le départ. La prise en charge est de 25 Kč. Vérifier avant de monter le prix au kilomètre (environ 17 Kč) qui doit être affiché sur la portière et ne pas se laisser abuser par un compteur emballé. Dans ce cas, ne pas hésiter et demander à descendre. Pour éviter les mauvaises surprises voici deux adresses sans histoires :

Profitaxi
☎ 61 04 55 55 / 692 13 32
AAA taxi
☎ 312 21 12 / 32 24 44.

SÉCURITÉ

Prague est une ville très sûre, même la nuit. Jamais de bagarre, ni d'agression envers les touristes. Seuls les vols à la tire et les pickpockets sévissent sur Vaclavské namesti. Faites preuve de bon sens, n'emportez pas vos bijoux de famille, soyez prudent avec vos sacs à main et sacs à dos, appareils photos ou caméra vidéo. Laissez votre passeport à l'hôtel, même dans la journée vous n'en n'aurez pas besoin.

OÙ ACHETER LES BILLETS DE SPECTACLES ?

Vous pourrez vous procurer vos billets sur place, dans certains hôtels, ainsi qu'à ces adresses :

Ticketpro
Pasáž Lucerna, Štěpánská, 61
Lun.-ven. 9h-20h, sam. 12h-19h
Salvátorská, 10
Lun.-ven. 9h-17h
☎ 24 81 40 20 ou internet
www.ticketpro.cz

Pražská Informační Služba
Na příkopě, 20
Lun.-ven. 9h-19h,
sam-dim. 9h-17h
☎ 26 40 20 ou internet :
www.prague-info.cz

Bohemia Ticket International
Na Příkopě, 16
Lun.-ven. 10h-19h,
sam. 10h-16h, dim. 10h-15h
☎ 24 21 50 31

Un service de réservation par téléphone est à votre disposition jusqu'à 20h pour tous les spectacles (☎ 311 87 10). En pleine saison touristique et pendant les festivals, si tout est complet, tentez votre chance en vous rendant sur place et demandez s'il y a des désistements.

FESTIVAL INTERNATIONAL DU PRINTEMPS DE PRAGUE

À partir du 12 mai, jour anniversaire de la mort du compositeur Smetana, et durant trois semaines, la ville vit au rythme de prestigieux concerts et opéras, pour lesquels vous ne saurez obtenir de places sans réserver longtemps à l'avance. La tradition veut qu'une procession parte du cimetière de Vyšehrad (où le musicien est enterré) jusqu'à la Maison Municipale (où sera donné *Má Vlast, Ma patrie*, son œuvre la plus célèbre). Le 2 juin, le festival s'achève invariablement avec la *9ème Symphonie* de Beethoven.

Informations :
☎ 53 02 93 ℻ 53 60 40
http:www.festival.cz
Hellichova, 18.

MUSIQUE CLASSIQUE

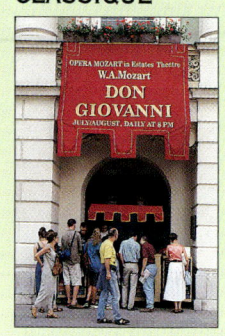

Les amateurs auront l'embarras du choix. Prague propose un large programme de concerts et d'opéras tous les soirs. On comprendra alors que sur la quantité, les interprétations et les mises en scènes, pour être souvent très audacieuses (Don Giovanni en survêtement, rien ne vous oblige à apprécier !) sont de niveau inégal. On accepte cependant de bon cœur quelques extravagances, le modeste tarif des représentations (environ 300 Kč à l'opéra, de 250 Kč à 400 Kč dans les églises), quoique plus cher pour les étrangers, justifie tout à fait la visite de lieux somptueux. De nombreuses manifestations de piètre qualité organisent des distributions de tracts dans la rue, à destination de touristes peu regardant sur la qualité. À éviter ! Certains concerts privés sont beaucoup plus chers, ce qui n'est pas non plus une garantie de qualité.

OPÉRA

Státní opera Praha
Wilsonova, 4 (D2)
M° Muzeum
☎ 24 22 76 93
Mar.-dim. 19h. Billets sur place lun.-ven. 10-17h, sam.-dim. 14h-17h30 et une heure avant le spectacle.

Le plus grand théâtre de Prague, inauguré en 1888, est la reproduction en plus petit de l'Opéra de Vienne. Les meilleures répresentations du répertoire international y sont données, avec surtitrage en anglais.

Stăovské divadlo
Ovocný trh., 1 (C2)
M° Můstek
☎ 24 21 50 01
T. l. j. 19h, 14h et 19h les sam. et dim. Billets au palais Kolowrat (Ovocný trh, 6).

Les opéras de Mozart figurent en permanence au programme (voir p. 10), veillez à ce qu'ils soient en version originale, et non pas en tchèque !

Národní divadlo
Národní třída, 2 (C2)
M° Národní třída
☎ 24 91 34 37
T. l. j. 19h, deux représentations les sam. et dim. (horaires variables). Billets au palais Kolowrat et à Ostrovní, 1 (t. l. j. 10h-18h).

Parmi les spectacles d'opéra, de théâtre et de danse, en musique, préférez le répertoire tchèque.

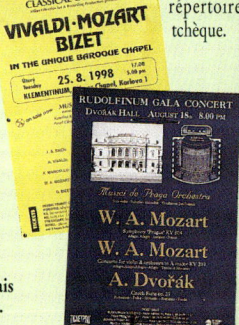

LES SALLES DE CONCERTS

Obecní dům, salle Smetana
Náměstí Republiky, 5 (C1)
M° Náměstí Republiky
☎ 22 00 21 00
Concerts à 19h30 ou 20h. Billets en vente sur place (t. l. j. 10h-18h).

Une occasion de retourner à l Maison municipale où se pro

duit l'Orchestre symphonique de Prague, dans une des plus grandes salles de concert de la ville (1 500 places), ornée de sculptures et de fresques dédiées aux compositeurs tchèques.

Dům U kamenného zvonu
Staroměstské náměstí, 13 (C1)
M° Můstek
☎ 24 22 43 51
T. l. j. 19h30. Billets sur place ou à Ticketpro (t. l. j. 10h-18h).

De la musique de chambre, exclusivement, dans cette maison gothique du XIVe s. Un verre de *Sekt* (champagne tchèque) vous est servi à l'entracte.

Rudolfinum
Náměstí Jana Palacha (C1)
M° Staroměstská
☎ 24 89 33 52
Billets rue Listopadu, 17.

Siège de l'orchestre le plus prestigieux en République tchèque, la Česka Philharmonie (voir p. 11), fondée en 1896 et de l'Orchestre de musique de chambre.

LES ÉGLISES

Sv. Martin ve zdi
Martinská (C2)
M° Národní třída
Billets sur place ou à Ticketpro.

Tous les jours à 17h ou 19h, se produisent des orchestres de chambre, ou simplement l'orgue accompagné de trompette. Au programme, musique baroque et compositeurs tchèques. Ces concerts sont l'unique occasion de visiter cette église, dont le mur sud est curieusement encastré dans ceux de la Vieille Ville depuis le XVIIIe s., d'où son nom, Saint-Martin-dans-le-mur.

Sv. Mikuláš
Malostranské náměstí (B1)
Tram 12 ou 22, arrêt Malostranské náměstí
☎ 53 69 83
Billets sur place.

Si vous passez vers 17h n'hésitez pas à entrer au cœur d'un chef-d'œuvre du baroque, pour assister à un concert. L'acoustique est réputée exceptionnelle, mais si vous n'êtes pas émerveillé par la qualité de l'interprétation, vous le serez par l'intérieur. En 1787, Mozart est venu jouer sur l'orgue (2 500 tuyaux), et l'on donna ici son *Requiem* trois jours après sa mort.

Sv. Jakub
Malá Štupartská, 6 (C1)
M° Náměstí Republiky.

Sv. Jakub est connue pour sa messe de Noël baroque, *Česká mše vánoční Hej Mistře* et très appréciée pour ses concerts d'orgue (l'acoustique est remarquable et on y pratique des enregistrements). Le programme est affiché à l'entrée de l'église, les concerts ont lieu à 18h et les tickets peuvent être achetés deux heures avant.

Concert de musique classique, église Sv. Mikulas

Jazz

Introduit part les Américains après la première guerre mondiale, le jazz est devenu une sorte de tradition à Prague. Depuis les années cinquante le son de la musique de la Nouvelle Orléans résonne dans les boîtes de jazz. Aujourd'hui les musiciens tchèques de talent (Emil Viklicky, Karel Ruzicka...) mêlent tous les styles et font même carrière à l'étranger. En ville ils se retrouvent sur la scène des clubs à la mode aux côtés d'artistes internationaux. La programmation, éclectique, bien souvent de qualité, promet de belles soirées aux amateurs. Les concerts commencent généralement vers 21h.

Agharta Jazz Centrum

Krakovská, 5 (C2)
M° Muzeum
☎ 22 2112 75
Lun.-ven. 17h -1h, sam.-dim. 19h-1h.

Créé en 1991, et organisateur du festival international *Prague Jazz Festival*, l'Agharta est considéré comme le meilleur club de Prague. Dans la petite salle, tout en haut de *Václavské náměstí*, la programmation varie entre ensembles tchèques et étrangers de qualité. Parmi les artistes tchèques régulièrement invités vous aurez peut-être la chance d'entendre Emil Viklický Quartet, Gabriel Jonáš Session '90, Jiří Stívin ou Karel Růžička & Friends. À l'entrée, vente de disques (nombreux CD jazz du label tchèque *Arta*) et joli T-Shirt Agharta signé Jiří Votruba. Une bonne idée de cadeau.

Prag Jazz Festival

Tous les ans, au mois d'octobre, le **Prag Jazz Festival** attire les plus grandes pointures du jazz international. Depuis 1964, les salles de l'Agharta et du Lucerna accueillent des artistes prestigieux tels que B.B. King, Chick Corea, The Brecker Brothers, Jan Garbarek, Wynthon Marsalis, Maceo Parker ou Pat Metheny. Ces fabuleux concerts attirent chaque année un public plus nombreux, il est impératif de réserver ses places à l'Agharta ou à Ticketpro (voir p. 110).

Jazz Club železná

Železná, 16 (C2)
M° Můstek
☎ 24 23 96 97
T. l. j. 15h-24h.

Entrez par le porche, puis descendez les escaliers de droite jusqu'aux salles voûtées de pierres apparentes. Des concerts de groupes locaux ont lieu tous les soirs dans une ambiance chaleureuse. Que les âmes sensibles s'abstiennent de prendre un verre dans la mezzanine après le concert, un véritable cobra habite dans l'aquarium ! Vous pourrez aussi acheter dans ce club des disques d'occasion, de jazz, bien entendu.

U Staré Paní

Michalská, 9 (C2)
M° Můstek
☎ 267 267
T. l. j. 19h-1h, concerts 21h-24h.

Si l'entrée de ce dernier club est plutôt chère pour les Pragois (160Kč, 60Kč pour les étudiants), la programmation est reconnue pour être de très bonne qualité. Dans le sous-sol d'une maison restaurée, vous pouvez assister au concert et vous régaler de plats tout à fait honnêtes. Le reste de l'immeuble est occupé par un hôtel et un restaurant du même nom.

U Malého Glena

Karmelitská, 23 (B1)
Tram 12 ou 22, arrêt Malostranské náměstí
☎ 535 81 15
T. l. j. 10h-2h

Au pub qui se trouve au rez-de-chaussée, vous pouvez commencer par vous restaurer (cuisine tex-mex) dans une l'ambiance déjà très chaude. Le ventre plein, descendez au sous-sol. Dans la cave, le programme des concerts alterne entre le jazz (les samedis et dimanches) l'acid jazz (le jeudi), le blues ou la musique latino-américaine (en semaine). À moins de réserver ou d'arriver tôt, n'espérez pas vous asseoir.

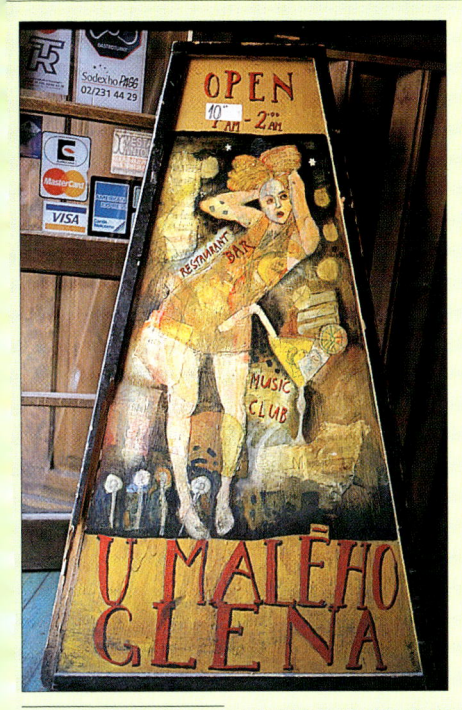

Autre club minuscule (cinq tables), le Métropolitan Jazz Club anime aussi des soirées jazz avec des concerts dans le style dixieland et swing, à écouter en grignotant des plats ou en sirotant un cocktail. Le club est situé dans une jolie cour qui relie la rue Vodičkova, prendre les escaliers sur la gauche. Là encore, arrivez avant le début des concerts à 21h.

Jazz Café
c. 14
Opatovická, 14 (C2)
M° Národní třída
☎ 24 92 00 39
Lun.-ven. 10h-23h, sam.-dim. 12h-23h.

Avec ses grandes figures de jazzmen placardées sur les murs, l'atmosphère chaleureuse du mobilier de récupération un peu bancal (vieilles machines à coudre, anciennes tables à jeu des années cinquante) et sa lumière tamisée, le Jazz Café ne manque pas de charme. C'est aussi un lieu de rendez-vous pratique pour se mettre dans l'ambiance avant un concert (vous pourrez même vous restaurer légèrement de salades et de canapés).

Reduta Jazz Club
Národní, 20 (C2)
M° Národní třída
☎ 24 91 22 46
T. l. j. 21h-24h.

Sans doute le plus célèbre club de Prague depuis les années 60, essentiellement fréquenté par les touristes et exceptionnellement par Bill Clinton, qui lors de sa venue à Prague en janvier 1994, accompagnait de son saxo la batterie de Václav Havel. Le CD de ce mémorable bœuf des chefs d'État est toujours en vente sur place. Vente des billets après 17h en sem., après 18h le sam. (200 Kč).

Metropolitan Jazz Club
Jungmannova, 14 (C2)
M° Národní třída
☎ 24 94 77 77
Lun.-ven. 11h-1h, sam.-dim. 19h-1h.

Théâtre Noir, Pantomime et Marionnettes

Depuis que Pierrot est né de l'imagination de Jean-Baptiste Gaspard Deburau (fils d'une Tchèque et d'un Français, né en 1796 à Kolín en Bohême centrale), l'art de la pantomime se transmet dans le pays comme un héritage précieux. Aujourd'hui, c'est la troupe de Ladislav Fialka (né en 1931), véritable maître du théâtre muet, au même titre que Marcel Marceau, qui promène ses créations fantastiques dans le monde entier. L'école tchèque de la pantomime évolue et s'associe avec les techniques nouvelles de la scène. La tradition reste bien vivante à Prague...

THÉÂTRE NOIR

Černé divadlo Jířího Srnce

Velký sál pražské Lucerny (grande salle du Lucerna)
Štěpánská, 61 (C2)
☎ 57 92 18 35 / 990 04 94 34
T. l. j. 20h, billet 490 Kč ; réservation au guichet du Lucerna lun.-sam. 17h-20h, agences.

Créé en 1961 par Jiri Srnec le Černé divadlo Jířího Srnce est le premier Théâtre Noir au monde. Depuis sa création la compagnie propose *Ahasver, les légendes de la Prague magique*, un spectacle de pantomime et de théâtre noir. Au cœur d'un monde d'illusions évoquant l'époque de Rudolphe II, Ahasver découvre la Maison de Faust, la cour de l'empereur, le Rabbin Lowi, la pierre philosophale et le Golem ou encore l'horloge astronomique. L'art de l'invisible au service des mystères de Prague.

Černé divadlo Františka Kratochvíla - Divadlo Reduta

Národní, 20 (C2)
☎ 24 91 22 46,
☎ 21 08 52 76 (réservations)
Mer.-dim. 19h30, billet 350 Kč.

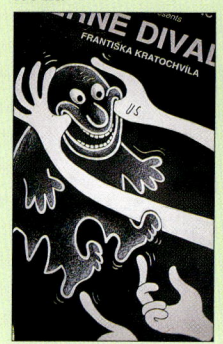

Au programme, en alternance, *Miss Sony*, farce bouffonne sur l'amour et ses conventions et la célèbre *Anatomie d'un baiser*, spectacle humoristique et poétique sur les relations entre un homme et une femme, ou comment un simple dessin devient le partenaire de la réalité.

All colors theatre

Rytířská, 31 (C2)
☎ 24 21 11 80 (réservation)
T. l. j. 20h30, billet 430 Kč ; réservation sur place t. l. j. 10-22h.

Théâtre noir, cinéma, danse, comédie musicale, mise en scène volontairement kitsch, voilà ce que présente le Théâtre *All colors* dans ses trois spectacles. *Magic Univers* est un voyage dans la nuit des temps, *Faust* raconte la légende bien connue à Prague d'un homme qui voulu pactiser avec le Diable et *Concert in the Black light* propose des variations sur les œuvres de Haydn, Mozart et Vranický.

Divadlo Image - Classic Prague Club
Pařížská, 4 (C1)
☎ 232 91 91 / 231 44 48
T. l. j. 20h, billet 350 Kč.

Ce théâtre noir attire de par sa situation géographique (à deux pas de la place de la Vieille Ville) une foule de touristes. Pantomime et danse moderne sont au programme.

Ta Fantastika - Unitaria Palace
Karlova, 8 (C1)
☎ 24 23 27 11
T. l. j. 21h30, billets 420 kč ; réservation sur place t. l. j. 11-21h.

Un mélange de dessins animés, de films de marionnettes, d'action et d'érotisme pour une conception joyeuse et débridée du théâtre noir. Au programme, deux spectacles : *Gulliver* une adaptation des œuvres de Jonathan Swift et de Jack London et une *Alice* que l'on pourrait qualifier d'« Alice aux pays des effets spéciaux ».

THÉÂTRE DE MARIONNETTES

Il serait dommage de ne pas assister à un spectacle de marionnettes à Prague, tant cette tradition ancestrale appartient à la culture du pays (voir p. 20).

Špejbl et Hurvínek
Dejvická, 28 (hors plan)
☎ 312 12 413 / 243 16 784.

C'est par ces deux petits personnages comiques, rendus célèbres par des films d'animation pour la télévision, que sont tombées les barrières traditionnelles du théâtre de marionnettes pour enfants. Depuis 1926, Špejbl, le père plutôt borné, se bataille avec son fils Hurvínek, exubérant et intello. Rendez-leur donc visite avant de ramener chez vous ces figures de légende (voir Shopping p. 96)

Zázračné divadlo barokního světa
Celetná, 13 (C1)
☎ 232 25 36 / 232 34 29
T. l. j. 20h30, billet 490 Kč.

Dans l'esprit du baroque qui fit la réputation de Prague, le spectacle s'inspire de l'époque pour le choix de la musique et des décors et les associe aux pratiques anciennes de l'art lyrique. Le jeu des acteurs et leur interaction avec les marionnettes est remarquable.

Laterna Magika
Národní třída, 4 (C2)
☎ 222 220 41 / 249 14 129
T. l. j. sf dim. 17h et 20h , réservation à *Ticketpro* et sur place lun.-ven. 10h-20h, sam.-dim. 15h-20h.

Depuis l'exposition universelle de Bruxelles en 1958, les spectacles de la Lanterne Magique ne connaissent que le succès. Un monde d'illusions où se mêlent le théâtre et le cinéma avec de surprenants trucages techniques que vous ne verrez qu'à Prague (accessible au public non tchécophone).

BOÎTES ET BARS DE NUIT

Malá Strana

Jo's Bar
Malostranské náměstí, 7 (B1)
Tram 12 ou 22, arrêt
Malostranské nám.
☎ 90 01 16 12
T. l. j. 11h-2h.

Au rez-de-chaussée, l'étroit bar américain est très animé, mais en le longeant, vous trouverez une petite salle plus calme tout au fond. Possibilité de se restaurer de plats tex-mex bon marché.

Jo's Garaz
Malostranské náměstí, 7 (B1)
☎ 90 01 16 12
De 21h-5h, entrée libre.

Prenez l'escalier à droite de l'entrée du *Jo's Bar*. Au sous-sol on danse dans une belle salle voûtée sur de la musique pop. L'ambiance est bon enfant, appréciée par la clientèle d'étudiants américains.

La Habana
Míšeňská, 12 (B1)
Tram 12 ou 22, arrêt
Malostranské nám.
☎ 57 31 51 04
T. l. j. 17h-3h, entrée libre.

Descendez les escaliers avant d'atteindre les salles de ce bar cubain, où après avoir mangé et bu, on danse la salsa. Les soirées sont particulièrement animées quand les écoles de danse viennent se déchaîner sur la piste. Débutants, s'abstenir !

Malostranská Beseda
Malostranské náměstí, 21 (B1)
Tram 12 ou 22, arrêt
Malostranské nám.
☎ 53 55 28
T. l. j. 11h-22h.

Prenez l'escalier jusqu'au premier étage à droite. À côté du bar, façon *hospoda*, des groupes de rock locaux (années soixante et soixante-dix version tchèque) se produisent dans la petite salle de concert. Un lieu de sortie tout à fait tchèque, à la décoration sommaire (quelques expositions temporaires sur les murs) et où l'ambiance est très animée si vous arrivez tôt (vers 20h).

Rock Club Újezd
Újzed, 18 (B2)
Tram 12 ou 22, arrêt Újezd
☎ 53 83 62
T. l. j. 11h-4h.

Premier club privé ouvert après la Révolution, aujourd'hui lieu de prédilection de la jeunesse pragoise grunge. Au rez-de-chaussée, minuscule club pour concerts ou boîte de nuit. Au premier étage, bar enfumé et musique bruyante voire extrêmement bruyante. La jeune clientèle n'y est pas très active, plutôt avachie dans les canapés. Ne pas déranger.

Scarlette O'Hara's Irish Pub
Mostecká, 21 (B1)
Tram 12 ou 22, arrêt
Malostranské nám.
☎ 53 47 93
T. l. j. 12h-2h.

Ce pub irlandais est coincé dans un passage accessible par la cour du cinéma « U Hradeb », après le *Mc Donald's*. L'ambiance est chaleureuse. De nombreux, expatriés irlandais et écossais se retrouvent ici autour d'une pinte de Guinness ou du cidre. C'est un passage obligé le 17 mars, jour de la Saint Patrick, patron des Irlandais, avec le *Molly Malones* (voir plus bas).

BOÎTES ET BARS DE NUIT ■ 119

Futurum
Zborovská 7, Prague 5
☎ 57 32 85 71
T. l. j. 20h-3h.

L'ancienne boîte de nuit plutôt glauque a fait peau neuve et accueille une jeunesse tchèque particulièrement endiablée lors des soirées années 80-90' le vendredi, sous le grand écran vidéo et les vieux clips.

Staré Město

Blatouch-Café Bar
Vězeňská, 4 (C1)
M° Staroměstská
☎ 23 28 643
Lun.-jeu. 11h-24h, ven. 11h-2h, sam.-dim. 14h-1h.

Dans un décor à la E. Hooper (reproductions sur les murs), ambiance littéraire, étagères pleines d'ouvrages étrangers traduits en tchèque, murs peints aux couleurs chaudes, conversations calmes dans la petite mezzanine. La carte propose un grand choix de cocktails (avec ou sans alcool), salades et toasts.

La Casa Blu
Kozí, 15 (C1)
M° Staroměstská
☎ 248 18 270
T. l. j. 14h-24h.

Sombreros aux murs ocres, musique latino, tequila, rhum, cocktails parfumés de menthe fraîche, de quoi réchauffer vos nuits d'hiver à Prague, dans un bar aux accents latino-américains ! La Casa de Pepi, le maître des lieux, est tout aussi appréciable en fin d'après-midi qu'en soirée.

Marquis de Sade
Templova, 8 (C1)
M° Můstek ou Náměstí Republiky
☎ 23 23 406
T. l. j. 11h-3h.

Sans rapport avec le Marquis, le grand bar, très haut de plafond, aux murs rouges et tableaux immenses, rassemble une clientèle d'expatriés. Une petite scène à ras les tables accueille régulièrement des formations de niveau inégal. L'ambiance est toujours animée en soirée.

Molly Malones Irish Pub ★★★
U Obecního dvora, 4 (C1)
M° Staroměstská
☎ 53 47 93
Dim.-jeu. 12h-1h, ven.-sam. 12h-2h.

« L'autre » pub irlandais incontournable : feu de cheminée, mezzanine, Guinness et cidre à la pression, quelques plats chauds, musique du pays, décoration hétéroclite, parquet usé, tables et chaises en bois bancales, clientèle d'amateurs de bière et de whisky au comptoir, petits concerts... Un total dépaysement en terre de Bohême.

Roxy
Dlouhá, 33 (C1)
M° Náměstí Republiky
☎ 24 81 09 51
T. l. j. 17h-2h30.

Ancien théâtre juif (voir les traces encore visibles sur la piste) qui aurait accueilli la première projection publique de cinéma, le Roxy est aujourd'hui un lieu d'expérimentation musicale et théâtrale et le passage obligé de la vie nocturne pragoise. La musique est essentiellement techno (DJ's et concerts). Sa récente restauration ne lui a pas enlevé son aspect « toujours en travaux ». On se déplace entre les bars du bas et du balcon. En cas de fringale, une *kuskuserie* vous servira des délicieux couscous uniquement végétariens dans une salle plus confinée.

Boîte de nuit Roxy.

U Králé Jířiho
Liliova, 10 (C2)
M° Národní Třída
☎ 22 22 17 07
T. l. j. 10h-24h.

Juste à côté du *James Joyce Pub* (le premier pub ouvert à Prague), prenez les escaliers de gauche. Cette hospoda est toujours très animée et les places sont rares. Une petite descente jusqu'à la cave romane vous permettra de constater l'ambiance qui règne au sous-sol. Fréquenté pas de jeunes Tchèques, sous le regard d'un mannequin pendu au plafond, que le nombre de bières sur les tables ne surprend plus.

Nové Město

Fromin
Václavské náměstí, 21 (C2)
M° Můstek ou Muzeum
☎ 24 23 23 19
Lun.-mer. 8h30-1h, jeu. 8h30-3h, ven. 8h30-5h, sam. 11h-5h, dim. 11h-1h.

Restaurant et boîte de nuit sans intérêt, la visite des lieux est en revanche recommandée en début de soirée pour la vue sublime sur Prague, la colline de Petřín et le Château. Prenez l'ascenseur jusqu'au sixième étage, et installez-vous au café du haut, près des baies vitrées. L'endroit est calme à l'heure de l'apéritif, et la terrasse en été domine Vaclavské náměstí (petit-déjeuner servi à partir de 7h30).

Lucerna bar *
Passage Lucerna, Vodičkova, 36 (C2)
M° Můstek ou Muzeum
☎ 24 21 71 08
T. l. j. 20h-3h.

Une clientèle déchaînée fréquente la *Lucerna*, le samedi, jour des soirées 60' ou 80'. Le décalage entre le joyeux délire du public sur la scène, les tables du balcon et les clips oubliés de Dépêche Mode et Desireless vaut le coup d'œil. On ne reste pas insensible.

Radost FX
Bělehradská, 120 (C3)
M° I.P. Pavlova
☎ 24 25 47 76
T. l. j. 11h-5h.

Au rez-de-chaussée, le restaurant végétarien sert jusqu'à 4h (plats de pâtes copieux, délicieuses lasagnes, salades sauce vinaigrette sucrée). Derrière, dans les deux salles de style lounge, (l'une non-fumeurs,) un musicien vient parfois réveiller la clientèle d'expatriés américains enfoncés dans les fauteuils et canapés. Au sous-sol, décor psychédélique, musique techno et DJ's qui ne faiblissent pas jusqu'à 5h.

U Sudu
Vodičkova, 10 (C2)
M° Karlovo náměstí
Lun.-ven. 11h-24h, sam.-dim. 14h-24h.

Après avoir dévalé le dédale de salles en sous-sol, vous déciderez ou non de rester dans cette ambiance enfumée, aux vapeurs de vin et de bière mélangées. Cette authentique *vinárna* est fréquentée par de jeunes Tchèques que ne dérangent pas la pénombre et la musique rock, à fond. En été, deux ou trois tables sur le trottoir, au début de l'automne, on y sert le *burcak* (vin nouveau ou bourru) et toute l'année, de fraîches tartines (*chlebíčky*). Terrasse aux beaux jours.

Žižkov

Akropolis
Kubelíkova, 27 (hors plan)
M° Jiřího z Poděbrad
☎ 22 72 10 26
Lun.-sam. 16h-2h, dim. 16h-24h.

À l'angle de la rue, le bar du rez-de-chaussée est toujours plein de monde en soirée. Possibilité de se restaurer (plats tchèques et végétariens) dans un décor surréaliste d'aquarium de sable et de compas géant. Juste à côté, sur la droite en sortant, l'ancien cinéma au sous-sol a été transformé en salle de spectacle. La programmation originale et de qualité varie entre spectacles de théâtre et concerts de musique du monde entier.

NOTES PERSONNELLES

NOTES PERSONNELLES

A
Adresses utiles : 9, 32
Aéroport : 7
Alcool : 108-109
Ales : 20, 21
Antiquités : 100-101
Artisanat : 50, 96-97
Art déco : 14, 15, 19
Art nouveau : 14, 15
Avion : 4

B
Bals : 26, 27
Baroque : 12, 13
Barque : 31
Bars de nuit : 118-120
Basilique Saint-Georges : 43
Bateaux : 5
Belvédère : 45
Bière : 24, 25
Bijoux : 15, 18, 22, 23, 90-91
Bohême : 12, 18, 19, 20, 22, 23
Boîtes de nuit : 118-120
Bouquinistes : 102-103
Braun : 13
Brocante : 100-101
Brokof : 13
Budget : 8
Budweiser : 24
Bus : 7

C
Café : 35, 39, 41, 49, 53, 55, 76-77
Car : 5
Carolinum : 60
Cathédrale Saint-Guy : 42
Change : 32
Chapelle Bethléem : 59
Château : 42-45
Château de Vyšehrad : 64
Cimetière juif : 38
Climat : 4
Colline de Vyšehrad : 125
Concert : 112-113
Courrier : 32
Couvent Sainte-Agnès : 39
Couvent Saint-Georges : 43
Cristal : 18, 19, 90-91
Cubisme : 14, 15, 18

D
Danser : 26, 27
Déplacer (se) : 30, 31
Dientzenhofer : 13
Disques : 11, 88-89, 107
Douane : 7, 81
Dvořák : 10, 11

E
Écrivains : 16, 17
Église
    Notre-Dame de la Victoire : 57
    Notre-Dame-de-Lorette : 13, 34
    Notre-Dame-de-Týn : 62
    Saint-Cyrille-et-Méthode : 40
    Saint-Nicolas (place de la Vieille Ville) : 13, 17, 63
    Saint-Nicolas (de Mala Strana) : 13, 48
    Saints-Pierre-et-Paul : 64
    Saint-Thomas : 48
Enfants : 86-87

G
Gadgets : 104-105
Gastronomie : 18, 28, 29, 108-109
Grands magasins : 53, 94
Grenat : 22, 23, 90-91

H
Hašek : 16, 17
Horaires : 9, 33, 80
Hospoda : 41, 67
Hôtel : 37, 51, 66, 68-71
Hôtel de ville : 40, 62
Hôtel de ville juif : 39
Hrabal : 16, 17
Hradčanské náměstí : 35
Hradčany : 34-37
Hurvínek : 21

I
Île de Kampa : 51

J
Jambon : 29
Janáček : 10
Janák : 15
Jardins
    Franciscain : 54
    du Sud : 44
    Royaux : 44
    Ledebour : 49
    Vrtba : 49
    Wallenstein : 50
Jazz : 114-115
Josefov : 38-39
Jouets : 86-87
Jours fériés : 7

K
Kafka : 16, 17
Karlovo Náměstí : 40-41
Klementinum : 12, 13, 58
Knedlíky : 28, 29

L
Langue : 9
Libuše : 65

M
Maison
    cubistes : 65
    qui danse : 41
    Faust : 41
    Moser : 19
    Praha et Topic : 54
    des Seigneurs de Kunstat : 59
Malé náměstí : 63
Malostranké náměstí : 48
Maltézské náměstí : 50
Marchés : 94-95
Marionnettes : 20, 21, 117
Martinů : 10
Messes : 9
Métro : 30
Minibus : 7
Mode femme : 35, 82-83
Mode homme : 84-85
Monastère de Strahov : 36
Monnaie locale : 8
Monument à Jan Hus : 62
Mozart : 11, 21
Mucha : 14, 15
Mur de la faim : 56
Musée
    des Arts Décoratifs : 19, 47
    Dvořák : 40
    des jouets : 44
    Juif : 38
    Mozart : 11
    Mucha : 15
    National : 53
    Smetana : 47
    du verre tchèque : 19
Musique : 10, 11, 88-89, 112-113

N
Na Příkopě : 54
Národní Třída : 54
Néo-baroque : 12, 13

O
Obecní dům : 15, 27, 61
Offices de tourisme : 32
Opéra : 112
Opéra National : 53
Orchestre philarmonique tchèque : 11

P
Palais
    Bukoy : 13, 50
    Černín : 36
    Kinsky : 17
    Lobkowicz-Schwarzenberg : 35
    Lucerna : 27
    Michna : 57
    Royal : 43-45
    Strenberg : 34
    Wallenstein : 13, 50
    Žofín : 27, 47
Papeteries : 92-93
Pařížska : 39
Pâtisseries : 76-77
Petřín : 56
Pilsen Urquell : 24
Polévka : 28
Polka : 26, 27
Pont-Charles : 13, 21, 46-47
Printemps de Prague : 11, 111

Q
Quartier de Baba : 15
Quartier de Malá Strana : 13, 48-51
Quartier de Nové Město : 52-55
Quartier de Staré Město : 13, 58-61

R
Réservation : 66
Restaurant : 36, 44, 45, 47, 51, 66, 72-75
Rudolfinum : 46
Ruelle d'or : 44
Rue Karlova : 58
Rue Nerudova : 13, 49
Rue Nový Svět : 37

S
Salle espagnole : 43
Salons de thé : 76-77
Santé : 111
Sécession : 14, 15
Second-hand : 106-107
Sécurité : 111
Šipek : 13
Škupa : 21
Smažený : 29
Smetana : 10, 11, 26
Soldes : 81
Spectacle : 111
Špejbl : 21
Sport : 98-99
Staroměstké náměstí : 62-63
Statue de Saint Venceslas : 52

T
Taverne du Tigre doré : 17
Taxi : 7
Téléphoner : 31
Théâtre des États : 61
Théâtre national : 54
Théâtre National de Marionnettes : 21
Théâtre noir : 116-117
Timbres : 32
Tour Daliborka : 44
Tour Poudrière : 61
Train : 5, 15
Tramway : 15, 30
Turnov : 22

V
Vaclavské náměstí : 52
Vejvoda : 27
Verre : 18, 19
Villa Amerika : 13
Villas Baba : 15
Villa Bertramka : 11
Vins : 47
Voiture : 6, 30, 31
Voltage : 9
Vyšehrad : 15, 64-65

Ce guide a été établi par **Florence Lejeune et Carole Vantroys**
avec la collaboration de Ilona Chovancova et Geneviève Pons
La mise à jour a été réalisée par Ilona Chovancova.

Aussi soigneusement qu'il ait été établi, ce guide n'est pas à l'abri des changements de dernière heure, des erreurs ou omissions. Ne manquez-pas de nous faire part de vos remarques. Informez-nous aussi de vos découvertes personnelles, nous accordons la plus grande importance au courrier de nos lecteurs.

Guides *Un Grand Week-End*, Hachette Tourisme, 43 quai de Grenelle – 75905 Paris Cedex 15.

Crédit Photographique

Intérieur
Éric Guillot : pp. 2 (b.d.), 3 (b.d.), 11 (ht.d.), 12 (c.g.), 14 (c.d., b.g.), 15 (b.d.), 18, 19 (ht.g., c.d., b.d.), 20 (ht.d., c.g.), 22 (b.), 23, 24 (ht.d., c.d.), 25 (c.g., b.d.), 27 (b.g.), 28 (b.c., ht.d.), 29 (c.g., b.d.), 30 (b.d.), 31, 32 (ht.g., c.), 35 (ht.g., b.d.), 36 (ht.g., c.c.), 37, 39 (ht.c., c.c., c.d., b.d.), 40, 41 (c.c., c.d., b.g., b.c.), 44, 45, (c.d., b.d.), 47, 49, 50 (ht.c., ht.d., c.c., b.d.), 51 (ht.c., c.d., b.g.), 54 (ht.g., b.g.), 55 (ht.c., c.d., b.g., b.d.), 56 (c.d.), 57, 58 (b.g.), 59, 60, 63 (ht.d., b.d.), 64 (b.g.), 65 (ht.g., ht.d., b.g., b.d.), 68, 69, 70, 71 (ht.g., b.g.), 72, 73, 74 (ht.c.), 75 (ht.c., ht.g.), 76, 77 (ht.g., b.d., c.), 82, 83, 84, 85, 86, 87, 88, 89, 90, 91, 92, 93, 94, 95, 96, 97, 98, 99, 100 (b.g., b.d., c.), 101, 102, 103, 104, 105, 106, 107, 108, 109, 112, 113 (ht.g.), 115, 116, 117 (ht.c., c.g.), 118, 119 (ht.g., ht.c., b.g., c.d.), 120.
Pawel Wysocki, Hémisphères : pp. 2 (c.g.), 3 (ht.d.), 10 (ht.d., c.), 11 (b.g.), 12 (ht.d., b.d.), 13 (c., b.d.), 14 (ht.g.), 15 (ht.d., c.d.), 16 (ht.d., c.d.), 17, 20 (b.d.), 21, 27 (c.d.), 29 (ht.d.), 34 (b.g.), 35 (c.d.), 36 (c.g., b.d.), 38 (b.c.), 39 (ht.g., b.g.), 41 (ht.g.), 42 (b.g.), 43 (ht.d., c.g.), 45 (c.g.), 46 (b.g., b.d.), 48 (b.c.), 52 (b.g., b.d.), 53 (b.g., b.d.), 54 (c.d.), 55 (ht.g.), 56 (b.g.), 61 (ht.g., c.d.), 62, 63 (ht.g.), 64 (c.d.), 74 (b.d.), 113 (b.d.), 119 (b.d.).
Gil Giulio, Hémisphères : p. 28 (c.d.), 35 (b.g.), 50 (b.g.), 51 (b.d.), 53 (ht.g.), 63 (b.g.).
Philippe Renault : pp. 3 (c.g.), 13 (b.g.), 24 (b.d.), 27 (ht.d.), 42 (b.d.), 43 (b.g.), 45 (ht.g.), 58 (b.d.), 61 (b.d.), 65 (c.d.).
Ph. Guignard, Hémisphères : p. 46 (c.c.).

Couverture :
Éric Guillot : ht.d. ; b.g. ; b.d. **Stock-Image** : c.d. premier plan. **Stock Image, Hugo Sara** : ht.c. **Stock Image, Pacific Productions** : b.c.. **Hémisphères, Gil Giulio** : c.c., c.d. **Hémisphères, Pawel Wysocki** : c.g. **Philippe Renault** : ht.g.

Quatrième de couverture :
Hémisphères, Gil Giulio : b.c. **Hémisphères, Pawel Wysocki** : ht.d. **Éric Guillot** : c., premier plan. **Philippe Renault** : c.g.

Illustrations

Monique Prudent

Conformément à une jurisprudence constante (Toulouse 14-01-1887), les erreurs ou omissions involontaires qui auraient pu subsister dans ce guide, malgré nos soins et les contrôles de l'équipe de rédaction, ne sauraient engager la responsabilité de l'éditeur.

Régie exclusive de publicité : Hachette Tourisme – 43, Quai de Grenelle – 75905 Paris Cedex 15. Contact Dana Lichiardopol : ☎ 01 43 92 37 94. Le contenu des annonces publicitaires insérées dans les guides n'engage en rien la responsabilité de l'éditeur.

© Hachette Livre (Hachette Tourisme), **2001**

Tous droits de traduction, de reproduction et d'adaptation réservés pour tous les pays.
Cartographie © Hachette Tourisme

Imprimé en France par IME

Dépôt légal : 20648 – Mai 2002 – Collection N°44 – Edition : 02
ISBN : 2.01.243321-9 – 24/3321/7

UN WEEK-END... PLUS LONG

Si votre séjour se prolonge et si vous souhaitez essayer de nouveaux établissements, vous trouverez dans les pages qui suivent un grand choix d'adresses d'hôtels, de restaurants classés par quartier et par prix, et de cafés où passer vos soirées.
Si vous pouvez vous présenter directement à la porte d'un restaurant (sauf pour les établissements les plus luxueux), n'oubliez pas de réserver votre chambre d'hôtel plusieurs jours à l'avance.
Bon séjour !

Malá Strana

Dům U Červeného lva
Nerudova 41, Prague 1
Tram 12 ou 22
☎ 57 53 27 46
Chambre double env.
5 000 Kč.
En plein cœur du quartier touristique, sur la rue qui mène au Château, voilà un hôtel ouvert depuis 1995 dans la maison natale du peintre Petr Brandl.

Hotel Coubertin
Atletická 4, Prague 6
Bus 143, 176
☎ 33 35 31 09
Chambre double 1 700 Kč.
Excentré – près du stade de Strahov – l'hôtel est néanmoins idéal si vous possédez une voiture. 30 chambres très simples à des prix raisonnables.

Hôtel Hoffmeister
Pod Bruskou 9, Prague 1
M° Malostranská
☎ 51 01 71 11
Chambre double 7 000 Kč.
L'hôtel Hoffmeister est l'unique relais-château de République tchèque. De construction récente, il est l'œuvre du fils d'Adolf Hoffmeister, ami de Picasso et des surréalistes français et comprend 43 chambres, et un restaurant.

Hotel Pod Věží
Mostecka 2, Prague 1
Tram 12 ou 22
☎ 57 53 20 41
Chambre double 6 100 Kč.
À l'intérieur de cette maison du XIIe s., à deux pas du pont Charles, vous trouverez des chambres élégantes et confortables et un service digne d'un hôtel de luxe (coiffeur, secrétaire…).

The Charles
Josefská 1, Prague 1
Tram 12 ou 22
☎ 57 31 54 91
Chambre double 3 500 Kč.
À deux pas du pont Charles, un hôtel au mobilier baroque avec poutres peintes au plafond. Nombreux services.

Staré Město

Hôtel Casa Marcello
Rašnovka 783
M° Staroměstská ou Náměstí Republiky
☎ 23 10 260
Chambre double 5 900 Kč.
À proximité du couvent Sainte-Agnès, on prétend que cette maison médiévale était la résidence d'aristocrates italiens. Bon restaurant… italien au rez-de-chaussée, café, jardin.

Hôtel Central
Rybná 8, Prague 1
M° Náměstí Republiky
☎ 24 81 20 41
Chambre double 3 500 Kč.
Un hôtel très bien situé à un prix raisonnable.

Hôtel Paříž
U Obecního domu 1, Prague 1
☎ 24 22 21 51
Chambre double 7 000 Kč.
Grand hôtel Art nouveau de 1907, voisin de la Maison municipale. 100 chambres, restaurant.

Hotel President
Náměstí Curieových 100, Prague 1
M° Staroměstská
☎ 231 48 12
Chambre double 7 500 Kč.
Sur les quais, un grand hôtel au décor années 70 qui offre une belle vue sur la Vltava. Le soir, relaxez-vous au sauna, avant d'aller flamber vos couronnes au casino de l'hôtel.

Hotel U Zlatého stromu
Karlova 6, Prague 1
M° Staroměstská
☎ 22 22 04 41
Chambre double 4 190 Kč.
Un charmant hôtel du XIIe s., situé en plein cœur de la Vieille Ville, à deux pas du Pont Charles. Restaurant non stop.

Savoy
Keplerova 6, Prague 1
Tram 22
24 30 24 30
Chambre double 7 700 Kč.
Dans le quartier de Nový Svět, proche du Château, un grand hôtel de luxe rénové récemment, dans un style Art nouveau.

U Krále Karla
Úvoz 4, Prague 1
Tram 22
☎ 53 88 05
Chambre 5 400 Kč.
Dans le prolongement de la rue Nerudova, en-dessous de l'église Loretta, voici un hôtel installé dans une maison Renaissance. Belle vue sur Malá Strana.

U Staré paní
Michalská 9, Prague 1
M° Můstek
☎ 26 72 67
Chambre double 3 950 Kč
en haute saison.
En plein cœur de la Vieille Ville, dans une bâtisse restaurée, 18 chambres propres et confortables. Le club de jazz au sous-sol mérite le détour.

Nové Město

Ambassador, Zlatá Husa
Václavské náměstí 5-7, Prague 1
M° Můstek
☎ 24 19 31 11
Chambre double env.
7 000 Kč.
Grand hôtel situé en plein centre. Les chambres sont propres mais sans charme.

Atlantic
Na poříčí 9/1074, Prague 1
M° Náměstí Republiky
☎ 24 81 10 84
Chambre double
env. 3 500 Kč.
Grand hôtel bien situé avec restaurant.

Hotel Meteor Plaza
Hybernská 6, Prague 1
M° Náměstí Republiky
☎ 24 22 06 64
Chambre double 6 000 Kč
en basse saison.
Les 90 chambres de cet hôtel, situé près de la Maison municipale, ont été rénovées en 1992. Le restaurant est installé dans une cave du XVIe s.

Esplanade
Washingtonova 19, Prague 1
M° Muzeum
☎ 24 21 17 15
Chambre double 8 400 Kč.
Grand hôtel rénové, de style Art nouveau en haut de Václavské náměstí. 74 chambres, café, restaurant.

Grand Hotel Bohemia Praha
Králodvorská 4, Prague 1
M° Náměstí Republiky
☎ 24 80 41 11
Chambre double 13 500 Kč.
Cet hôtel, situé en haut de Václavské náměstí est spécialisé dans l'organisation de conférences. Les 78 chambres, spacieuses, sont équipées de fax. Nombreux services.

Hôtel Adria
Václavské Náměstí 26, Prague 1
M° Můstek
☎ 21 08 11 11
Chambre double 6 000 Kč.
58 chambres, suites et studio dans un hôtel récemment rénové, situé en plein centre. Restauration, bar, service de réservation pour vos places de concerts et de théâtre.

Hôtel Axa
Na Poříčí 40, Prague 1
M° Náměstí Republiky
☎ 24 81 25 80
Chambre double 3 600 Kč.
En plein centre, 130 chambres tout confort avec pour vous relaxer une piscine de 25 mètres au sous-sol.

Hotel Harmony
Na Poříčí 31, Prague 1
M° Náměstí Republiky
☎ 232 00 16
Chambre double 3 340 Kč.
Les 60 chambres de cet hôtel datant de 1930 ont été rénovées en 1992. Aménagements pour handicapés.

Hôtel Jalta
Václavské náměstí 15, Prague 1
M° Můstek ou Muzeum
☎ 22 82 21 11
Chambre double 6 600 Kč.
Grand bâtiment des années 50 sur la place Václavské náměstí disposant de 89 chambres dont certaines ont un accès aménagé pour les handicapés. Le restaurant est tout à fait correct.

Hotel Moráň
Na Moráni 15, Prague 2
M° Karlovo náměstí
☎ 24 91 52 08
Chambre double 6 200 Kč.
Hôtel très bien situé, calme et accueillant. Les petits déjeuners très copieux, nombreux services.

Hotel Radisson SAS
Štěpánská 40, Prague 1
M° Můstek ou Muzeum
☎ / 🅕 96 22 61 52
Grand hôtel de luxe ouvert depuis l'été 1998, après des années de travaux. Idéalement situé.

Hôtel Renaissance
V Celnici 7, Prague 1
M° Náměstí Republiky
☎ / 🅕 24 81 03 96
Chambre double 6 800 Kč.
Grand hôtel de construction récente, sans charme apparent, mais central. Les 300 chambres sont confortables.

Hostel Junior
Senovážné náměstí 21, Prague 1
M° Náměstí Republiky
☎ 24 23 17 54
Dortoir : 550 Kč ; hôtel : 3 000 Kč.
Hôtel situé derrière Václavské náměstí, comprenant 27 chambres indépendantes et 55 places dans un dortoir.

Palace Hôtel Praha
Panská 12, Prague 1
M° Můstek
☎ 24 09 31 11
Chambre double 8 900 Kč.
Près de Václavské náměstí un des hôtels les plus luxueux de Prague. Un service de qualité.

Vinohrady

Don Giovanni
Vinohradská 157a, Prague 3
M° Želivského
☎ 67 03 11 11
Chambre double 5 800 Kč.
Ouvert depuis 1996, cet immense hôtel à la façade rose dispose de 400 chambres, d'un restaurant, d'un café et d'une salle de fitness... à 15 minutes du centre ville par le métro ou le tram.

Hôtel Ametyst
Jana Masaryka 11, Prague 2
M° náměstí Míru
☎ 24 25 41 85
Chambre double 4 500 Kč.
Dans cet hôtel tenu par un Australien, demandez une chambre avec vue sur Nusle. Après une journée de shopping, vous apprécierez le sauna.

Hôtel Sieber
Slezská 55, Prague 3
M° Jiřího z Poděbrad
☎ 24 25 00 25
Chambre double avec petit déjeuner 4 180 Kč.
Un hôtel un peu excentré (15 minutes du centre en métro) aux chambres luxueuses et très confortables. Restaurant au rez-de-chaussée.

City Petr Holubec
Belgická 10, Prague 2
M° Náměstí Míru
☎ 22 52 16 06
Chambre double 2 320 Kč.
Bien situé dans un quartier tranquille. 19 chambres.

Žižkov

Bílý lev
Cimburská 20, Prague 3
Tram 5, 9, 26
☎ 22 78 04 64
Chambre double 2 700 Kč.
En été, vous pourrez dîner à l'extérieur.

Hôtel Dalimil
Prokopovo náměstí 2/540, Prague 3
Tram 5, 9, 26
☎ 22 78 26 65
Chambre double 2 750 Kč.
L'hôtel est situé à 10 minutes du centre en tram. Vous pourrez prendre un café dans le jardin.

Hôtel Ostas
Orebitská 8, Prague 3
Tram 5, 9, 26
☎ 627 93 86
Chambre double 2 480 Kč.
33 chambres dans un immeuble Art nouveau, entièrement restauré.

Autres quartiers

Attic
Hanušova 496/6, Prague 4
M° Pankráci
☎ 61 21 30 45
Chambre double 2 450 Kč.
Hôtel excentré (20 minutes du centre par le métro) comprenant 24 chambres double à des prix raisonnables.

Atrium-Hilton
Podběžní 1, Prague 8
M° Florenci
☎ 24 84 11 11
Chambre double 8 820 Kč.
Grand complexe de 788 chambres, trois restaurants, deux courts de tennis, salles de conférence, sauna, solarium, terrasse, de construction franco-tchèque datant de 1990. Bill Clinton le loua entièrement en 1994.

Braník
Pikovická 199, Prague 4
Tram 3, 17
☎ 44 46 34 07
Chambre 2 500 Kč.
Excentré (30 minutes du centre en tram), mais tout près de la Vltava, vers le sud.

Brno
Thámova 26, Prague 8
M° Křižíkova
☎ 24 81 18 88
Chambre double 2 700 Kč.
Hôtel massif et sans charme, un peu excentré, mais à 10 minutes du centre en métro.

Carol
Kurta Konráda 547/12, Prague 9
☎ 66 31 13 16
Chambre double 2 900 Kč.
Excentré (30 minutes du centre en tram), hôtel de 50 chambres ouvert en 1993, simples mais propres et confortables.

Corinthia Panorama Hotel
Milevská 7, Prague 4
M° Pankráci
☎ 61 16 11 11
Chambre double 6 200 Kč.
427 chambres, 10 suites et une suite présidentielle, 3 restaurants, café, salle de gymnastique, piscine...

Estec Czechoslovakia
Vaníčkova 5, Block 5 – Prague 6
Tram 8, 22
☎ 52 73 44
Chambre à partir de 400 Kč.
Situé près du Stade de Strahov, cet hôtel excentré compte de très nombreuses chambres (600 !) et les tarifs sont abordables.

Hotel Alta
Ortenovo náměstí 22, Prague 7
Tram 12, 25
☎ 800 252
Chambre doubles entre 2 500 et 3 500 Kč.
Un peu excentré, un hôtel de 87 petites chambres confortables.

Hotel Belveder
Milady Horákové 19, Prague 7
Tram 1, 8, 25, 26
☎ 20 10 61 11
Chambre double environ 3 350 Kč selon haute ou basse saison.
Situé derrière le métronome du parc de Letná, grand hôtel de 120 chambres tout confort, aménagement pour handicapés.

Hôtel Diplomat
Evropská 15, Prague 6
M° Dejvická
☎ 24 39 41 11
Chambre double 7 600 Kč.
Hôtel de luxe le plus proche de l'aéroport, et à 10 minutes du centre en métro. 382 chambres grand confort.

Hotel Esprit
Lihovarska ulice, Prague 9
Tram 3, 5
☎ 84 81 80 44
Chambre double 2 795 Kč.
Un peu excentré (20 minutes du centre en tram) dans un quartier sans charme, mais les prix sont raisonnables.

Hotel Forum
Kongresova 1, Prague 4
M° Vyšehrad
☎ 61 19 12 18
Chambre double 5 500 à 8 000 Kč.
Immeuble de 1988 à 15 minutes du centre en métro. 530 chambres, une piscine, un gymnase et un restaurant sont à votre disposition.

Hotel Kinský Garden
Holečkova 7, Prague 5
Tram 4, 7, 9
☎ 57 31 11 73
Chambre double 6 500 Kč.
Ouvert depuis 1997 dans le quartier de Smichov cet hôtel fait partie du groupe italien Marco Polo.

Hotel Obora
Libocká 271/1, Prague 6
Tram 8, 22
☎ 36 77 79
Chambre double de 1 950 à 2 760 Kč.

Retiré en bordure de la forêt de Hvězda (30 minutes en tram du centre) dans un quartier très tranquille, avec de nombreuses auberges authentiques à proximité.

Hotel Olšanka
Táboritská 23, Prague 3
Tram 8
☎ 67 09 21 11
Chambre double 2 700 Kč.
Immeuble de 1950 un peu excentré (dans le quartier de Nusle), apprécié pour ses équipements sportifs (piscine, salle d'aérobic…).

Holiday Inn
Koulova 15, Prague 6
M° Dejvická
☎ 24 39 31 11
Chambre double environ 7 500 Kč.
Ce grand hôtel de style stalinien est imposant. Le grand jardin est très agréable en été.

Hôtel Mövenpick
Mozartova 261/1, Prague 5
M° Anděl
☎ 57 15 11 11
7 000 Kč la chambre double.
Dans le quartier de Smichov, un immense complexe hôtelier tout neuf comprenant 435 chambres, deux restaurants reliés par un funiculaire, des salles de conférence…

Hôtel Union Praha
Ostrčilovo náměstí 4
Tram 7, 18 ou 24
☎ 61 21 48 12
Chambre double 3 380 Kč.
57 chambres dans un immeuble Art Nouveau au cœur du quartier de Vyšehrad. Restaurant et bar au rez-de-chaussée.

Hotel Vyšehrad
Marie Cibulkové 29, Prague 4
M° Vyšehrad
☎ 61 22 55 92
Chambre double 3 500 Kč.
Un peu excentré (à 10 minutes du métro puis 15 minutes du centre), hôtel du XIXe s., accueillant et confortable.

Petr
Drtinova 17, Prague 5
Tram 6, 9, 12
☎ 57 31 40 68
Chambre 2 600 Kč.
Au pied de la colline de Petřín, un hôtel sympathique.

Splendide
Ovenecká 33
Tram 2, 20, 26
☎ 33 37 59 40
Chambre double 2 490 Kč.
Hôtel massif et sans charme (si ce n'est la vue sur le Château) où descendait Gorbachev et autre VIP.

U Blaženky
U Blaženky 1, Prague 5
M° Anděl ou tram 4, 7, 9
Chambre double 3 200 Kč.
Un peu excentrée dans le quartier de Smichov, pension de 13 chambres, avec restaurant-terrasse l'été.

HÔTELS

Malá Strana

Kampa Park
Na Kampě 8b, Prague 1
Tram 12, 22 arrêt
Malostranské náměstí
☎ 57 31 34 93
T. l. j. 11h30-1h.
Très bonne situation au pied du pont Charles, avec vue sur la Vltava. Un restaurant très prisé à Prague. Plats de poissons autour de 600 Kč. Réservation indispensable.

Bazar Méditerranée
Nerudova 40, Prague 1
☎ 90 05 45 10
T. l. j. 12h-1h.
C'est le dernier endroit à la mode où il faut venir ici pour être vu. C'est immense, les salles s'enchaînent avec des terrasses aux beaux jours. La cuisine est d'inspiration méditerranéenne, comme la décoration.

Bohemia Bagel
Újezd 16, Prague 1
Tram 12 ou 22
☎ 531 002
Lun.-ven. 7h-22h, sam.-dim. 9h-22h.
Pour manger sur le pouce des bagels à toutes les sauces (ail, oignon, sésame, raisins), des quiches, des salades et des pâtisseries américaines.

Cantina
Újezd 5/598, Prague 1
Tram 12 ou 22
☎ 0603 477 422
T. l. j. 12h-23h.
Spécialités mexicaines à des prix raisonnables, peut-être trop légèrement épicées pour les amateurs.

Resto Renthauz
Lorentská 13, Prague 1
☎ 20 51 15 32
T. l. j. 11h-21h.
Un restaurant qui mérite une halte par une journée ensoleillée pour déjeuner en terrasse, face aux vergers de la colline de Petřín. La cuisine n'est cependant pas exceptionnelle, et c'est dommage.

U Kocoura
Nerudova 2, Prague 1
☎ 57 53 01 07
C'est dans cette auberge que vous pourrez boire la meilleure Pilsner de la ville.

U Mecenáše
Malostranské náměstí 10, Prague 1
☎ 57 53 16 31
T. l. j. 12h-23h30.
Ambiance particulière pour ce restaurant situé dans une salle gothique. La cuisine est excellente (spécialité de canard et de bœuf flambés). Environ 800 Kč par personne.

U tří zlatých trojek
Tomáška 6, Prague 1
Tram 12 ou 22, arrêt Malostranské náměstí
☎ 530 126
T. l. j. 11h-24h.
Auberge tchèque où l'on vous servira de la cuisine traditionnelle dans un décor tout en bois avec chaises et tables vernies. Plats environ 80 Kč.

U Schnellů
Tomáška 27/2, Prague 1
T. l. j. 11h30-23h.
Ambiance taverne avec une décoration d'un goût douteux (peau d'ours sur les murs). La cuisine est traditionnelle.

Staré Město

Cerberus
Soukenická 19, Prague 1
M° Náměstí Republiky
☎ 231 09 85
Lun.-ven. 11h-23h, sam. 15h-23h.
Cuisine tchèque et internationale avec notamment de bons plats de pâtes.

Govinda
Soukenická 27, Prague 1
M° Náměstí Republiky
☎ 24 81 63 70
Lun.-sam. 11h-17h.
Self-service végétarien d'inspiration bouddhiste, ne vous étonnez donc pas de la tenue du personnel. Cuisine indienne au menu du jour, consistant et très bon marché. Petit salon de thé au rez-de-chaussée.

Krušovická pivnice
Široká 20, Prague 1
☎ 962 20 001
Authentique hospoda où l'on sert la délicieuse bière Krušovice à la pression et de la Slivovice maison (domací) si vous insistez. Plats tchèques chauds et froids.

Amilcar
Elišky Krásnohorské 11, Prague 1
M° Staroměstská
☎ 232 95 22
Lun.-sam. 12h-15h, dim. 18h-24h.
Délicieuses spécialités de couscous (certaines versions végétariennes) et décor dépaysant au cœur de Prague.

Modrá Zahrada**
Pařížská 14, Prague 1
M° Staroměstská
☎ 232 71 71
T. l. j. 11h-24h.
Entrée par la rue Široká. Très agréable pizzeria au décor chaleureux (salle au sous-sol). Si les pizza sont bonnes, l'endroit est surtout réputé pour ses salades composées plutôt réussies.

U Benedikta
Benedikta 11, Prague 1
☎ 24 82 69 12
Restaurant au sous-sol, café au rez-de-chaussée, cuisine tchèque agréable pour 200 Kč environ.

U Medvídků
Na Perštýně 7, Prague 1
M° Národní třída
☎ 24 21 19 16
T. l. j. 11h-23h30.
Auberge typique où l'on vous servira de la Budvar à la pression.

U Golema (Au Golem)
Majzlok 8
M° Staroměstská
☎ 232 81 65
Lun.-sam. 11h-22h.
Dans le quartier juif, ne craignez pas de déguster ici la poche du rabbin, rabinova kapsa ! Plats de viandes, volailles et poissons, 500 Kč par personne.

U dvou koček
Uhelný trh 10, Prague 1
☎ 24 22 99 82.
T. l. j. 11h-23h.
De la bière de Plzeň coule à flots accompagnée de plats tchèques.

U zelené žáby
U radnice 8, Prague 1
M° Staroměstská
☎ 24 22 81 33
T. l. j. 18h-24h.
La plus ancienne cave à vin de Prague (vers 1400). On y sert des plats froids pour 100 Kč.

Nové Město

Jáma
V Jámě 7, Prague 1
Métro Můstek ou Muzeum
☎ 24 22 23 83
T. l. j. 11h-1h.
Bar et restaurant américain où l'on vous servira des spécialités tchèques et Tex-Mex (buritos) et de copieux petits déjeuners le week-end. Musique rock and roll.

Klášterní vinárna
Národní 8, Prague 1
☎ 29 05 96
T. l. j. 12h-24h.
Situé dans l'ancien couvent des Ursulines, cuisine tchèque et internationale, pour un dîner aux chandelles avant ou après un spectacle au Théâtre National situé juste à côté.

Mayur **
Štěpánská 61, Prague 1
M° Můstek ou Mzeum
☎ 96 23 60 51
T. l. j. 12h-23h.
Dirigez-vous vers le côté snack à droite de ce restaurant indien. Le service est un peu long, mais les plats sont agréablement préparés et présentés avec toutes les saveurs et épices de la cuisine indienne (plats végétariens).

Nad Přístavem
Rašínovo nábřeží 64, Prague 2
Métro Karlovo náměstí
☎ 29 86 36
T. l. j. 12h-24h.
Un agréable restaurant de poissons situé sur les quais. Comptez 300 Kč par personne.

Na Poříčí
Na Poříčí 20, Prague 1
M° Náměstí Republiky
☎ 24 81 13 63.
T. l. j. 11h-23h (12h dim.).
Trois établissements sont réunis ici : hospoda, bar à vin et restaurant. Plats tchèques et plus exotiques autour de 200 Kč.

Na Rybárně
Gorazdová17, Prague 2
M° Karlovo náměstí
☎ 24 91 88 85
Lun.-sam. 12h-24h, dim. 17h-24h.
Restaurant de spécialités de poissons grillés, fréquenté par Vaclav Havel lorsqu'il habitait à côté, quai Rasin. C'est ici qu'il invita les Rolling Stones lors de leur passage à Prague. 400 Kč par personne.

Pod Křídlem
Vovšovská 7, Prague 1
☎ 24 95 17 41
T. l. j. 11h30-24h.
Cuisine tchèque et internationale classique. 600 Kč par personne.

Pizza Coloseum **
Vodičkova 32, Prague 1
Métro Můstek ou Muzeum
☎ 24 21 49 14
Lun.-sam. 11h-23h30, dim. 12h-23h30.
En dépit des deux salles en sous-sol, il est préférable de réserver le soir. La carte propose aussi des salades, des pâtes et des plats de poissons en sauce avec assortiment de légumes finement cuisinés.

Pizza Kmotra
V Jirchářích 12, Prague 1
M° Národní třída
☎ 24 91 58 09
T. l. j. 11h-24h.
Première pizzeria créée à Prague et la meilleure d'avis de spécialistes ! Plusieurs salles au sous-sol. Prévoyez d'attendre si vous n'avez pas réservé.

Rôtisserie Restaurant
Mikulánská 6, Prague 1
M° Národní třída
☎ 24 91 45 57
T. l. j. 11h30-15h30, 17h30-24h.
Cuisine tchèque pour les viandes, les volailles et les poissons rôtis. Testez l'assiette Vieille Bohême (assortiment copieux).

Rusalka
Na Struze 1, Prague 1
Métro Národní třída ou Karlovo náměstí
☎ 24 91 58 76
Lun.-ven. 11h-24h, sam.-dim. 12h-24h.
Petit restaurant souvent bondé le soir, derrière le Théâtre National. Cuisine tchèque. Environ 400 Kč par personne.

Šumava
štěpánská 3, Prague 1
☎ 24 92 00 51
T. l. j. 9h-22h.

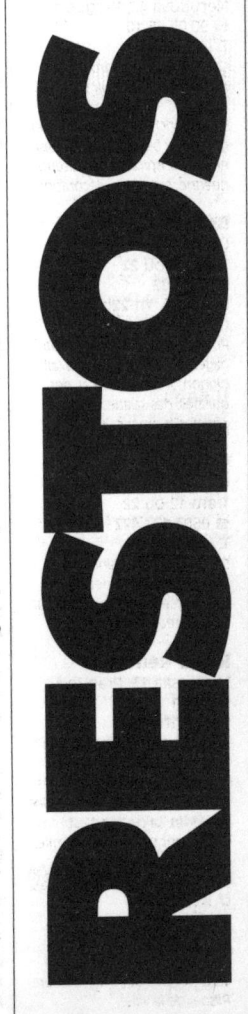

Auberge sympathique où la cuisine est consistante mais plutôt bonne. Grande salle au fond. La bière, excellente Budvar de České Budějovice, se consomme aussi sur le trottoir.

Thrakia**
Rubešova 12, Prague 2
M° Muzeum
☎ 24 21 71 35
T. l. j. 11h-23h.
Délicieux restaurant bulgare pour découvrir les spécialités des Balkans. Ne manquez pas le tarator (soupe fraîche de concombres au yaourt) et terminez par un raki avec votre café.

U Fleků
Křemencova 11, Prague 1
M° Národní třída
☎ 24 91 51 18
T. l. j. 9h-23h.
Auberge très touristique mais qui vaut largement le détour. Les salles sont spacieuses et la bière brune maison est excellente (freinez le serveur si vous n'en pouvez plus !). Pour ne pas tituber en sortant, bons plats tchèques. Une adresse particulièrement agréable l'été pour sa terrasse.

U Supů
Spálená 41/103, Prague 1
M°-Národní třída
☎ 29 93 10
Lun.-sam. 10h30-24h, dim. 13h-24h.
Petit restaurant pratique pour déjeuner rapidement, mais pas vraiment léger.

Universal
V Jirchářích 6, Prague 1
☎ 24 91 81 82
T; l. j. 11h30-1h.
Nouveau restaurant au décor années 50. Excellente cuisine française de bistrot : tout est délicieux, du tartare de saumon jusqu'au filet de bœuf sauce échalote, jusqu'à la crème brûlée. Un régal de gourmet à un prix plus que raisonnable. 150 Kč par personne.

Vinohrady

Ambiente
Mánesova 59, Prague 2
M° Muzeum
☎ 62 75 913
Lun.-ven. 11h-24, sam.-dim. 13 h-24h.
Cuisine Tex-Mex et américaine (ribs, plats de pâtes, Chili), copieuse et savoureuse au milieu d'une décoration dans le style « ruée vers le Texas ». Réservation obligatoire. Même maison à Celetná 11, Prague 1.

Medůza
Belgická 19, Prague 2
M° náměstí Míru
Café à l'ambiance feutrée où vous pourrez commander quelques toasts, salades, soupes et crêpes tchèques. En fin de soirée, les lumières sont éteintes pour ne laisser que des bougies sur les tables.

Modrá Řeka
Mánesova 13, Prague 2
M° Muzeum
☎ 22 25 16 01
Lun.-ven. 11h-23h, sam.-dim. 13h-23h.
Tout nouveau restaurant de spécialités yougoslaves. L'accueil est charmant et attentionné, la décoration amusante et chaleureuse, les tarifs très raisonnables.

U Hrocha
Slezská 26, Prague 2
M° náměstí Míru
Lun.-jeu. 9h30-23h, ven.-sam. 10h30-24h, dim. 11h30-21h.
Si vous êtes affamé, tentez cette l'auberge de quartier aux odeurs de cuisine plutôt grasse. Ambiance populaire.

Autres quartiers

La Crêperie
Janovského 4, Prague 7
☎ 878 040
Lun.-sam. 11h-23h, dim. 11h-22h.
La seule et l'unique crêperie française de Prague. Les galettes sont savoureuses (« L'Auvergnate » au bleu et aux noix, la purée d'oignon, les tomates concassées...), les crêpes sont délicieuses (au miel, à la crème de marrons, aux pommes flambées de Calvados), le cidre à la pression coule à flots, l'ambiance est toujours chaleureuse. Un vrai coin de l'Ouest de la France où vous ne rencontrerez pas que des Français !

RESTOS

Malá Strana

Café Savoy
Vítězná 5, Prague 5
Tram 12 ou 22
☎ 535 000
T. l. j. 9h-22h.
Récemment restauré (magnifiques poutres peintes au plafond), le café a perdu un peu de son charme, mais demeure une pause agréable.

Staré Město

Baron
Pařížská 24, Prague 1
M° Staroměstská
☎ 232 92 21
Lun.-ven. 8h30-1h, sam.-dim. 10h-2h.
Bar branché, visité par des mannequins célèbres et les jolies filles de Prague. Cocktails à la carte, photos noir et blanc au mur, faut-il vraiment y être vu ?

Chez Marcel
Haštalská 12, Prague 1
☎ 23 15 676
T. l. j. 8h-1h.
Café français où vous pourrez faire un baby-foot en buvant du pastis avant de déjeuner : quiche, salades et autres plats typiquement français.

Cafe Franz Kafka
Široká 12/64
M° Staroměstská
☎ 231 89 45
T. l. j. 10h-22h.
Situé dans le quartier juif, voilà un café bien agréable pour faire une halte loin des flots de touristes (préférez la deuxième salle au fond).

Jednorožec s harfou
Bartolomějská 13, Prague 1
☎ 24 23 08 01
Lun.-ven. 11h-23h, sam.-dim. 13h-22h.
Petit café-galerie sans prétention où vous trouverez une table pour faire le point de vos visites.

Gaspar Caspar
Celetná 17, Prague 1
☎ 232 68 43
T. l. j. 9h-24h.
Café du théâtre Celetná, au premier étage, donnant sur une jolie cour intérieure. Bonne situation, clientèle anglophone puisque les représentations sont en anglais.

Káva, Káva, Káva
Národní třída 37, Prague 1
M° Národní třída
☎ 26 84 09
T. l. j. 7h-22h.
Un endroit avec terrasse donnant dans la cour du passage. Chez ces spécialistes du café, vous goûterez aussi de délicieux gâteaux aux carottes (25 Kč la part) et des cheese cake savoureux (45 Kč).

Terminal Bar
Soukenická 6, Prague 1
☎ 21 87 11 11
Lun.-ven. 9h-2h, sam. 10h-2h, dim. 10h-1h.
Café multi-média sur plusieurs niveaux, plutôt branché. Vous pourrez surfer sur le Web pour 125 Kč l'heure.

Nové Město

Café Archa
Na Poříčí 26, Prague 1
Lun.-ven. 9h-21h, sam. 10h-20h, dim. 13h-20h.
Petit café du théâtre Archa avec un étage. Très tranquille l'après-midi, plus animé le soir avant les spectacles.

Café Bar Tragédie
Lazarská 7, Prague 1
☎ 24 22 89 80
Lun.-sam. 11h-24h, dim. 15h-24h.
Café du théâtre très tranquille en journée, vous pourrez vous y procurer le Do Města et autres programmes. Il est pratiquement impossible de trouver une table avant les représentations.

Café de l'Institut français de Prague
Štěpánská 35, Prague 1
Lun.-ven. 9h-18h.
Une adresse bien française pour prendre un café crème et une viennoiserie, lire la revue de l'Institut, štěpánská 35, les quotidiens et profiter de l'agréable terrasse aux beaux jours.

Růžová čajovna
Růžová 8, Prague 1
Lun.-ven. 10h-21h, sam. 11h-22h, dim. 11h-21h.
Salon de thé en dehors des sentiers battus, près de Václavské náměstí. Délicieux petits gâteaux secs pour accompagner votre thé à choisir sur une carte impressionnante.

Viola
Národní 7, Prague 1
M° Národní třída
☎ 24 22 08 44
Lun.-sam. 11h30-24h, dim. 16h-24h.
Au fond d'un passage, café littéraire fréquenté par des artistes contestataires au début des années 60. Des lectures de poèmes et des rencontres ont encore lieu très régulièrement.

Vinohrady

Le Bistrot à vin
Polská 2, Prague 2
M° Náměstí Míru
Lun.-sam. 11h-24h.
Bistrot français qui perpétue la tradition du vin dans ce quartier d'anciens vignobles. Quelques grands crus d'excellente qualité pour les amateurs curieux de vins français. À consommer au verre ou à la bouteille autour d'une assiette de charcuterie ou de fromage. Après dégustation, faites un tour dans la boutique attenante pour choisir vos bouteilles à emporter. Entrée par la rue Anny Letenské.

CAFÉS

NOTES

NOTES